잘 팔리는 책쓰기

잘 팔리는 책쓰기

책 써서 돈 버는 가장 확실한 방법을 전한다

서민재 지음

∞
Limitless

부록 가치 사다리로 돈 버는 구조 만들기

에필로그 현재에 머무를 이유

프롤로그
책으로 돈을 만드는 방법

한 분야의 최고가 되지 않아도 책을 쓸 수 있다. 그 방법과 노하우, 지금 당장 책을 쓰는 방법을 알려주는 것이 이 책이다.

다만 이 책은 책 팔아서 돈 버는 이야기가 아니다. 왜냐하면 책은 그 자체로 돈이 되지 않기 때문이다. 대신, 이 책은 '돈을 벌 수밖에 없는 구조'에 대한 이야기다. 책과 함께 나를 알리고, 나의 지식과 경험을 팔아서 돈을 버는 방법에 대한 이야기다.

나는 책만 쓰면 모든 일이 해결된다고 말하는 대신,
-왜 책을 쓰고?
-어떻게 책을 쓰고?
-책을 쓰고 어떻게 돈을 버는지?
여기에 대해 먼저 이야기한다. 이러한 고민이 책을 쓰

는 일에 선행되어야 한다. 책을 내는 대다수 사람이 책 쓰기 '다음 스텝'에 대한 고민이 없다. 아직 국내에 '책 쓰기 수익화'에 대한 자료가 부족하기 때문이고, 책 쓰기와 온라인 마케팅을 모두 아는 사람이 적기 때문이다.

고용 불안은 이 시대의 축복이다. 고용 불안을 발판으로 자신을 콘텐츠를 기획하고 이를 책으로 엮는다면 순식간에 퍼스널 브랜딩이 된다. 그러면 돈은 자연스레 따라온다. 이와 같은 생각이 '지식사업 수익화 삼각형'의 근간이다. 자세한 이야기는 다음 장부터 이어 나가려 한다.

나는 이 책을 통해 막연히 책을 쓰고 싶다는 사람들에게 책으로 지식창업을 하고, 수익화하는 방법을 전하려 한다. 책으로 돈을 만드는 모든 방법을 공개할 것이다.

많이 실패했고, 많이 고민했다. 지난날 나의 실패가 당신 성공의 밑거름이 되었으면 좋겠다.

서민재

제1부

책 쓰기의 비밀

1장

책은 왜 쓰는 것일까?

01
읽지 않는 사람들,
그런데도 책 쓰기

& 책은 책에서 끝나지 않는다

점토판에 단순한 기호를 새기기 시작한 이래로 인류는 많은 책을 만들었다. 점토판, 대나무, 양피지, 종이에 이르기까지 우리는 문자를 기록하고 책을 만드는 일을 멈추지 않고 있다. 다양한 문화권에서 각자의 방식으로 책을 만든 것을 보면, 기록은 인간의 본능인지도 모르겠다.

책이 없었다면 우리의 삶은 지금과 많이 달랐을 것이다. 인류는 책을 통해 개인 또는 집단의 생각, 문화, 기술, 사소하게는 삶의 지혜까지 다음 세대에 전할 수 있었다. 기술 문명의 발달로 책이 경시되는 요즘이지만, 책이 없었다면 지금의 기술도 문명도 없었을 것이다.

그래서일까? 책이 우리에게 주는 어떤 무게감이 있다. 말로는 표현하기 힘든 그 무게감은 우리가 책을 다른 매체와는 다른 방식으로 다루게 만든다. 두껍고, 읽지 않는 책이어도 버리기는 쉽지 않다. 우리는 헌 옷 수거함에 옷 던져 넣듯 책을 버리지 않는다. 쓰레기통에 책을 넣는 일도 거의 없다.

'죽기 전에 내 이름으로 된 책 꼭 한번 내 봤으면…'

자신만의 책 쓰기는 많은 사람의 버킷리스트 중 하나이다. 이를 통해서도 책이라는 매체가 우리에게 주는 의미를 알 수 있다. 먼저 '죽기 전에'라는 표현은 그것이 당장 실행으로 옮기기 어려울 정도로 고된 작업이라는 것을 의미하며, 그런데도 '꼭 한번' 책을 내고 싶다는 건 자기 삶과 생각을 세상에 남기고 싶은 인간 욕망의 표현이다.

& 독서는 안 해도 책은 쓴다

재밌는 건 최근 책 쓰기 대중화로 책을 쓰고자 하는 사람은 늘어나는데, 그에 반해 책을 읽는 인구는 줄어들고 있다는 것이다. 2021년 통계청에서 발표한 우리나라의 독서 인구 비율은 45.6%이다. 1년 동안 한 줄이라도 읽으면 독서 인구에 포함된다. 그러니까 우리나라 국민 중 한 해를 살면서 '단 한 줄도' 읽지 않는 사람이 50% 이상이라는 소리다. 당장 주변을 둘러봐도 책 읽는 사람은 많지 않다. 1년에 단 한 줄이라도 읽으면 독서량에 있어서 상위 50%라는 사실에 우리는 웃어야 할까, 울어야 할까?

쓰는 사람은 많아지는데 그 책을 소비할 사람은 줄어든다는 사실은 아이러니하다. 사실 가까운 일본의 경우에도 평범한 직장인들이 책을 쓰는 경우가 많다. 그러나 일본의 경우와 우리나라의 경우는 다르다. 일본은 그래도 독서 인구가 많다. 독서 황금기는 끝났다는 이야기가 나오는 일본이지만, 이는 우리나라의 상황과 비견할 바가 아니다.

우리나라 출판 시장은 매년 최악을 경신한다. 독서 인구는 계속 줄어든다. 새로운 미디어는 계속 등장하고 있다. 그런데 책을 쓰고자 하는 대중의 욕구는 줄지 않고 있다. 이상하지 않은가? 왜 사람들은 읽지도 않으면서 책을 쓰려고 하는 것일까?

나는 이렇게 생각한다. 책을 쓰고자 하는 많은 사람이 '책 판매'보다는 '내 책이 세상에 나왔다는 사실'에 큰 의미를 부여한다고. 책이 팔리지 않더라도 일단 책은 내고 싶은 것이다. 기록하고 싶다는 인간의 본능과 세상에 발

자취를 남기고 싶은 개인의 욕망이 계속 대중들에게 책을 쓰라고 말하고 있다.

& 책이라는 매체는 영원할까

이 책은 '나만의 책을 쓰는 방법', '책으로 수익화하는 방법'에 대한 책이다. 따라서 책과 출판에 대한 이야기가 반복적으로 나올 것이다. 그런데 만약 당신이 책이라는 매체에 대해 부정적 시각을 갖고 있다면 이 책을 계속 읽지 않을 것이다. 심지어 어떤 이는 곧 종이책이 사라질 거라 말하기도 한다.

사실 종이책에 대한 경고는 어제오늘의 일이 아니다. 처음 컴퓨터가 등장했을 때, 학교에서 모든 교과서가 사라질 것으로 예측하는 사람도 있었다. 전자책이 처음 등장했을 때, 종이책의 미래를 암울하게 보는 이가 대다수였다. 그러나 종이책은 아직 존재한다. 종이책은 여전히 우리 곁에 있다.

지난 2012년, 움베르토 에코(Umberto Eco)는 루브르박물관 2층에서 자신의 소설책 《장미의 이름》과 전자책 단말기 킨들(Kindle)을 집어던졌다. 그리고 그것들은 어떻게 됐을까? 당연히 종이책은 멀쩡했고 킨들은 부서졌다. 이는 종이책의 우월함을 보여주기 위한 퍼포먼스였다.

움베르토 에코는 인터뷰에서 이렇게 말했다.

"(해당 퍼포먼스는) 주최 측에서 준비한 겁니다. 물론 겉보기에는 우스꽝스럽지만 실제로 진실을 담고 있기도 하다오. 킨들 안에 소설이 100권이 들어 있든 1,000권이 들어 있든 종이책의 소멸을 예언하는 사람들에게 e북(전자책)이 이렇게 취약할 수도 있다는 걸 말하고 싶었던 거지." 〈조선일보〉 2023.9.27. '종이책이 사라진다고? 인터넷도 사라진다'[1]

수천 년을 이어온 책이라는 매체, 그리고 두 손 두 발로 꼽을 수 있는 전자책의 역사. 앞으로 100년 뒤 인간의 서재에는 종이책이 있을까, 아니면 킨들이 있을까? 여기에 대한 각자의 생각을 정리해 보았으면 좋겠다. 그리고 그 결과에 따라 당신이 이 책을 계속 읽을지 덮을지 결정하길 바란다.

---

1. 〈조선일보〉 2023.9.27. '종이책이 사라진다고? 인터넷도 사라진다'

02
세상이 다 변해도
변하지 않는 한 가지

& 다시는 되돌릴 수 없는 것

세상이 다 변해도 변하지 않는 한 가지를 꼽으라면 당신은 무엇을 꼽고 싶은가? 사람들 사이의 관계? 신뢰? 사랑?

그랬으면 좋겠다. 개인적인 바람으로, 정말 그랬으면 좋겠다. 이 사회를 살아가는 우리들의 관계, 신뢰 그리고 사랑이 영원했으면 좋겠다. 그러나 현실은 그렇지 못하다. 우리는 깨지고 헤어지고 다시 만난다. 사실 영원한 것은 없다.

영원한 것이 하나 있기는 하다. 만약 나에게 위와 같은 질문을 한다면 이렇게 대답할 것이다.

"세상이 다 변해도 변하지 않는 한 가지는 '당신이 책을 썼다는 사실'이다."

그렇다. 당신은 일단 책을 쓰기만 하면 된다. 그러면 그 사실은 '변하지 않는 사실'이 된다. 책의 판매량, 인기도를 모두 떠나서 당신은 책을 쓴 사람(저자)이 되는 것이다.

이 '변하지 않는 사실'은 이 세상에서 당신이 앞으로 무슨 일을 하든 따라다니게 된다. 그리고 오랜 시간이 지나 당신이 저세상으로 가더라도 그 사실은 변하지 않는다. 호랑이는 죽어서 가죽을 남기고 사람은 죽어서 책을 남기는 것이다.

실제로 책이 출간되면 책마다 고유 ISBN(International Standard Book Number, 국제 표준 도서 번호)이 붙는다. ISBN은 쉽게 말해, 책에 붙는 국제적인 고유번호다. 사람마다 주민등록번호라는 고유번호가 있듯, 책에도 고유의 등록번호가 있는 것이다.

한 책의 ISBN은 절대 다른 책이 가질 수 없다. 만약 당신이 책을 낸다면, 국제적으로 당신의 책만이 가질 수 있는 고유번호를 얻게 되는 것이다. 나는 ISBN에 큰 의미가 있다고 생각한다. 왜냐하면, 아무나 이 번호를 가질 수 없으며, 쉽게 이 번호를 가질 수 없고, 인류 문명이 멸망하지 않는 이상 영원한 번호이기 때문이다.

& 그들이 내 책을 읽지 않더라도

내 책이 안 팔리면 어떻게 하지? 책을 쓰기에 앞서 이런 고민을 하는 사람이 많다. 물론 내 책이 세상의 빛을 보고, 게다가 많은 사람들의 사랑을 받으면 좋은 일이다. 축하받을 일이자, 감사한 일이다. 그러나 모든 책이 모든 사람의 사랑을 받을 수는 없다.

저자가 갖은 노력을 다해도 책이 팔리지 않는 경우는 허다하다. '책을 쓰는 일'과 '책을 파는 일'은 매우 다른 영역의 일이기 때문이다. 이러한 사실을 어느 정도 인지하고 책을 써야 한다.

실망할 필요는 없다. 그들이 당신의 책을 읽지 않아도 괜찮다. 왜냐고? 대중에게 중요한 건 당신이 책을 썼다는 사실, 그 자체이기 때문이다. 그 사실 자체가 대중에게 신뢰를 준다.

책 쓰기 컨설팅을 받기 위해 나를 찾아오는 사람들에게, 나는 종종 묻는다. '혹시 제 책을 읽어보신 적 있으신가요?' 그들의 대답은 대부분 '아니오'다. 그럼 그들은 무엇을 믿고 나를 찾아오는 것일까? 그들은 내가 책을 썼다는 사실, 내가 출간한 도서의 목록을 보고 오는 것이다.

물론 책을 파는 일은 중요하다. 내가 앞서 했던 이야기는 '책을 판매하기 위해 노력할 필요가 없다'가 아니다. 저자는 자신의 책이 출간되면 판매와 홍보를 위해 적극적으로 움직여야 한다.

다만, 모든 사람이 내 책을 읽을 거란 생각은 내려놓는 게 좋다. 그리고 '책을 썼다는 사실'을 잘 활용해 수익화 전략을 짜는 것이 훨씬 더 효과적이다(수익화 전략에 대한 자세한 사항은 2부에서 다룬다).

& 책은 변하지 않는 신뢰다

사람들이 '책을 썼다는 사실' 하나만으로 저자를 신뢰한다는 것은 책이 그만큼 강력한 효과를 발휘한다는 증거다. 책은 대중에게 신뢰를 준다. 책을 썼다는 사실만으로 당신은 믿을 만한 사람이 된다. 만약 특정 분야에 대한 책을 썼다면 당신은 그 분야의 전문가 반열에 오른다.

강사를 꿈꾸는 사람들에게 꿈의 무대는 기업 강연이다. 특히 이름만 대면 알 정도의 대기업에서 강연하는 영광은 아무나 누릴 수 없다. 하나의 기업 강연이 다른 기업 강연으로 연결되기도 한다. 그런데 강사로서 대기업에 출강하려면 적어도 다음 세 가지 중 하나의 요건을 갖추어야 한다.

박사 학위가 있거나

공중파 출연을 했거나

해당 분야의 책을 썼거나

이를 통해, 일반적으로 한 권의 책은 해당 분야의 박사 학위 정도의 사회적 영향력을 지닌다는 것을 알 수 있다. 한 권의 책이 수년의 걸친 연구, 논문 심사, 학위 취득에 준하는 파급력을 지니는 것이다. 그리고 대중에게 그에 버금가는 신뢰를 주는 것이다.

한 권의 책은 당신에게 변하지 않는 신뢰를 부여한다. 당신이 커다란 사회적 물의를 일으키지 않는 이상, 세상은 당신을 영원히 저자로 기억할 것이다.

자신의 저서, 그리고 그 저서만이 가질 수 있는 고유한 ISBN을 지닌 사람은, 그렇지 못한 사람보다 자신의 삶에 더욱 긍지를 가질 수 있다고 생각한다.

당신이 당신만의 책으로 대중의 신뢰, 자신에 대한 긍지를 얻었으면 좋겠다. 당신이 당신만의 ISBN을 지닌 사람이 되었으면 좋겠다. 그렇게 책으로 삶이 변화하기 시작하는 것을 당신이 경험했으면 좋겠다.

03
사람들은 왜 그토록
책을 쓰고 싶어 할까?

& 평범한 직장인이 책을 쓰는 이유

직장 다니며 매년 1권의 책을 썼다. 만약 누군가 내게 '왜 그렇게 책을 쓰느냐'고 묻는다면 나는 이렇게 답하고 싶다. 남들과 다르게 살고 싶어서. 평범하고 싶지 않아서.

나는 평범한 직장인이었다. 그냥 그렇게 평범하게 살 수도 있었다. 그러나 그건 내가 원하는 바가 아니었다. 그저 그런 직장인으로 남고 싶지 않았다. 그래서 책을 쓰기 시작했다.

스스로가 평범하기 때문에 책을 못 쓴다고 생각하면 안 된다. 당신이 평범하면 평범할수록, 평범하지 않기 위해 책을 써야 한다. 이러한 생각의 전환이 결국 큰 차이를 만든다.

주변에 책을 쓴 사람이 있는가? 그렇다면 그가 책을 썼을 때 주변 시선들이 어떠했는지 기억하는가? 그러한 '시선'을 받았다는 것은 이미 그 사람이 평범한 사람이 아니라는 증거다. 책을 쓰면 바로 비범한 사람이 된다. 주변 이들의 시선과 관심이 이를 강화하고, 당신은 이러한 시선에 힘입어, 또 책을 쓰게 되고, 그렇게 발전하게 된다.

내가 강연에서 자주 하는 말이 있다.

"책을 한 권도 못 쓴 사람은 많아도, 딱 한 권만 쓰고 멈추는 사람은 없다."

당신이 평범할수록 더욱 책 쓰기에 관심을 두길 바란다. 타인의 부러운 시선을 느껴보길 바란다. 그 시선에 다시 펜을 잡는 당신의 모습을 그려보길 바란다. 책은 반드시, 당신의 평범함을 비범함으로 바꿔줄 것이다.

& 새로운 수입원을 찾아라

'어느 작가가 책 인세로 수십억 원을 벌었다더라.' 뉴스와 기사를 통해 이와 같은 이야기를 접하곤 한다. 마치 일종의 '자동 수입'처럼 느껴지는 인세로 큰돈을 벌었다는 이야기는 우리의 호기심을 자극하고 부러움을 살 만하다.

책으로 일확천금을 꿈꾸는 사람들이 있다. 솔직히 나도, 첫 책으로 흔히 말하는 대박을 쳐서 큰돈을 버는 상상을 하곤 했었다. 비록 그 상상이 현실이 되진 못했지만, 첫 책을 집필하는 내내 큰 힘이 되어준 건 사실이다. 다른 예비 저자들도 비슷하지 않을까? 책 쓰기를 꿈꾸는 이들의 머릿속 한구석에는 분명, '인세'에 대한 기대치가 있을 것이다.

책을 쓰면 돈을 벌 수 있다. 출판사는 저자에게 출판권(저작물을 책으로 출판할 수 있는 권리) 명목으로 '인세'를 지불한다. 일종의 '원고 사용료'라고 이해하면 쉽다. 따라서 책을 내면 돈을 벌게 된다. 참고로 이는 기획출판에 해당하는 사항이다. 자비출판과 독립출판의 경우에도 책을 쓰면 돈을 벌 수 있지만 그 구조가 다르다.

파이프라인, 엔잡러, 수익화 등 부수입에 대한 대중들의 관심이 높아지면서 책 쓰기에 관심을 두는 사람들이 늘었다. 아마 지금 이 글을 읽고 있는 당신도 비슷한 관심사를 갖고 이 책을 집어 들었는지도 모른다.

그러나 사실 인세 수익은 흔히 생각하는 것보다 제한적이다. 인세는 책이 판매되는 권수에 따라 정산되어 저자에게 지급된다. 정산율은 생각보다 높지 않다. 그리고 반품되거나 홍보용으로 증정된 책은 정산에서 제외된다.

따라서 책을 쓰기 전에 먼저, 책을 통해 수익화하는 방법에 대한 고민이 필요하다. 책이라는 수입원을 또 다른 수입원에 연결하는 사전 작업이 필요한 것이다.

& '책 쓰기'라는 도전

아마 누구나 쉽게 책을 쉽게 낼 수 있었다면 이 책은 세상에 나오지 못했을 것이다. '숨쉬기의 비밀', '매일 세끼 식사의 비밀'과 같은 책은 세상에 없다. 누구나 할 수 있고, 따라서 그게 대단한 일이 아니기 때문이다. 실제로 우리는 의식적인 노력 없이 매일 숨을 쉬고 식사를 하고 있다.

그러나 책을 쓰는 일은 다르다. 의식적인 노력 없이 책을 쓸 수는 없다. 노력, 그 이상의 노력이 필요한 것이 책 쓰기다. 심지어 노력의 방향성이 옳지 못하다면 아무리 노력해도 책이 나오지 않을 수도 있다.

나는 이것이 많은 사람이 책 쓰기에 뛰어드는 이유라고 생각한다. 그러니까, 책 쓰기는 '도전'이다. 쉽지 않기에 도전이다. 쉽지 않기에 도전할 가치가 있는 것이다! 계속 이야기하겠지만, 그래서 책을 쓰는 일은 가치가 있고, 그래서 책을 쓰면 브랜딩 효과가 확실한 것이다.

아무나 쉽게 책을 쓰지 못한다는 사실이 내게는 감사하게 다가온다. 그렇기 때문에 지금 내가 하는 작업이 더 가치가 있다. 쉽게 하게 되는 일 말고, 의식적인 노력을 기울여야 하는 일을 해보자. 올해가 가기 전에 책을 쓰는 도전을 해보자.

도전을 넘어 자아실현을 위해 책을 쓰는 이들도 있다. 책을 쓰고 삶의 방향성을 찾았다는 이들이 많다. 또 책을 쓰면 자신을 깊이 이해하게 된다. 자아실현을 경험하고, 자신을 깊이 이해하고 나면, 책의 저자는 자신을 더욱 사랑하게 된다.

자아실현, 자기 이해, 자존감 향상. 이렇게 나열해 보니 '스스로 자(自)'가 반복되고 있다. 책을 쓰는 행위는 온전히 자신을 위한 일이 아닌가, 여기에까지 생각이 미친다. 물론 책을 기획하는 과정에서 독자와 시장성에 대해 고민하겠지만, 그 과정에서 자신을 돌아보고 고민하고 단련하며 저자는 성장한다. 책이라는 결과물도 소중하지만 책을 쓰는 과정에서 배우는 수많은 경험은 정말 돈을 주고도 사지 못하는 자산들이다.

누구나 쉽게 할 수 없는 일이기에 나는 오늘도 책을 쓴다. 이 도전이 일상을 넘어 삶이 될 때까지 나는 책 쓰기를 반복할 것이다.

당신이 책을 써야 하는
3가지 이유

책을 써야 하는 이유는 사실 더 많다. 하지만 당신이 책을 써야 하는 가장 확실한 이유를 딱 3가지만 적어보려 한다.

& 첫 번째 이유. 브랜딩

'브랜딩'은 이제 우리에게 꽤 익숙한 단어다. 기업 차원의 브랜딩뿐 아니라 개인의 브랜딩이 필수인 시대다. 주변을 둘러보면 '퍼스널 브랜딩' 관련 책과 세미나도 많다.

개인을 브랜딩하기 위한 여러 가지 조언들이 있다. 주제와 콘셉트에 집중하라는 말이 있는가 하면, 고객들과의 관계 맺기를 통해 신뢰를 주어야 한다고 말하기도 한다. 좋은 콘텐츠에 집중하면 성과가 난다고 이야기하는 이들도 있다. 모두 어느 정도 일리가 있는 말들이다.

여기 가장 확실한 브랜딩 방법이 있다. 즉시 시장을 압도하는 기술이기도 하다. 그것은 바로 '자신이 몸담은 분야의 책을 쓰는 것'이다. 책이 확실한 브랜딩 파워를 갖는 이유는 대중이 다음과 같이 생각하기 때문이다.

책이라는 것은 아무나 쓸 수 없다.
고도의 전문성이 있어야 책을 쓰기 때문이다.
따라서 책을 쓴 저자는 믿을 만한 전문가이다.

앞서 한 권의 책을 쓴 사람은 해당 분야의 박사 학위를 가진 정도의 사회적 영향력을 지닌다고 이야기했다. 그리고 실제로 책을 쓰기 위해서는 어느 정도 전문성이 필요하다. 그렇다고 박사 학위 논문을 쓸 정도의 시간과 노력이 필요하냐면, 또 그렇지는 않다. 박사 학위 논문을 쓰고 심사받는 일에 비해 책 한 권을 쓰는 일이 훨씬 수월하다. 들이는 시간도, 노력도 적다. 특히 대중서는 '왕초보'를 대상으로 원고와 기획을 준비하기에 더욱 그렇다.

책이 대중에게 신뢰를 준다는 사실은 아무리 강조해도 지나치지 않다. 그리고 어떤 경우에는 박사 학위 논문보다 '한 권이 책'이 더 큰 사회적 영향력을 발휘하기도 한다.

책은 나를 알리는 가장 확실한 브랜딩 도구다. 퍼스널

브랜딩에 있어 이보다 확실한 도구는 없다. 책을 도구로 자신을 브랜딩하기 위한 지략이 우리에게 필요하다.

& 두 번째 이유. 인풋에서 아웃풋으로

책을 쓰고자 하는 사람들은 기본적으로 자기 계발에 많은 관심을 두고 있다. 이들은 배우는 것을 즐긴다. 독서량도 많다. 일 년에 단 한 권의 책도 읽지 않는 사람들과 비교하면 이들은 분명 자기 성장에 진심이다.

그러나 여기에도 문제가 있다. 자기 계발을 하는 많은 사람이 인풋(Input)에만 그치고 있는 것이다. 이들에게는 아웃풋(Output)을 위한 용기가 필요하다. 인풋은 아웃풋을 해야 비로소 의미를 가진다. 배운 것을 말과 글로 쏟아내는 과정은 배움을 더욱 견고하게 만든다. 정리하고 공유하는 과정을 통해 새로운 만남과 배움이 일어나기도 한다. 쌓아만 두는 것은 자신을 위한 일도 아니고, 남을 위한 일도 아니다.

만약 당신이 독서만 하는 사람이라면 서평 쓰기로 나아가야 한다. 혼자 일기만 쓰는 사람이 있다면 블로그나 SNS 글쓰기를 통해 세상과 소통해야 한다. 아웃풋은 가장 빨리 성장하는 방법이기도 하다.

자기 계발의 '정점'이 책 쓰기라고 하는 이유가 바로 여기에 있다. 지금까지 당신이 배우고 익히고 경험한 것들을 총정리하여, 그중에서 시장성이 있는 부분을 집중적으로 정리하여 세상에 책이라는 상품으로 내놓는 일. 이것이 곧 책 쓰기다.

책이라는 아웃풋을 내는 경험을 통해 저자는 한 단계 더 성장할 수 있다. 이 성장은 직접 경험해보지 않으면 절대 알 수 없는 '무엇'이다. 내가 굳이 '무엇'이라고 표현한 이유는 말로 다 표현할 수 없는 인지적, 심리적 성장을 경험하기 때문이다. 이와 같은 성장 경험은 '책이 잘되고 안 되고'와는 별개로 매우 소중한 '무엇'이다.

& 세 번째 이유. 세상을 보는 시각의 변화

사실 책 쓰기를 포함한 모든 아웃풋을 내는 과정에는 많은 용기가 필요하다. 당장 블로그 포스팅 하나만 하더라도 그렇다. 사람들이 좋아하는 주제일까? 사람들이 내 콘텐츠를 좋아할까? 혹시 사회·문화·정치적으로 문제가 될 소지가 있는 건 아닐까? 발행 버튼을 누르기에 앞서 많은 고민을 반복하게 된다.

역설적이지만, 이런 걱정과 고민이 저자를 성장시킨다.

왜냐하면 평소에 하지 않는 고민이기 때문이다. 그리고 콘텐츠 시장성에 대해 고민하는 과정은 추후 콘텐츠 수익화에 앞서 꼭 필요한 시간이다. 이와 같은 고민과 전략 없이 콘텐츠를 수익화하기란 불가능에 가깝다.

책을 쓸 때는 이런 고민이 더 깊어진다. 어설프게 잡은 주제와 콘셉트는 책이 되지 않기 때문이다. 때문에 상품 기획, 대중성과 트렌드, 사람들이 상품에 돈을 지불하는 원리에 대해 깊이 고민하게 된다.

마케터도 아닌 내가, 세상을 보는 시각을 달리한 건 책 쓰기 덕분이었다. 내 책이 '왜 팔리는지?' 또는 '왜 안 팔리는지?' 수없이 고민하고 머리를 쥐어뜯으며 나는 '상품이 기획되고 팔리는 원리'를 이해하게 되었다. 평범한 직장인이던 시절 알지 못하던 것들이었다.

책 쓰는 일 앞에서 주저하지 말자. 당신이 쓴 책 한 권이 당신의 삶을 바꾸고, 또 누군가의 삶을 바꿀지 모를 일이다. 언제까지 인풋만 할 것인가? 언제까지 배우기만 할 것인가? 이제 세상으로 나와야 한다. 책이라는 상품을 세상에 내놓자. 그렇게 저자가 되어 '상품이 기획되고 팔리는 원리'를 이해하면 삶의 많은 부분이 분명 바뀌게 될 것이다.

05

그냥 전자책만
쓰면 안 될까?

& 저는 전자책 저자입니다

몇 년 전부터 PDF 형식의 전자책을 통해 자신의 지식과 노하우를 사고파는 사람들이 크게 늘었다. 그래서인지 책 쓰기 강의를 하다 보면 종종 이런 질문을 받는다. '종이책 말고 그냥 전자책만 쓰면 안 될까요?'

여기에 대한 내 대답은 무엇일까? '네, 그러셔도 됩니다.' 전자책만 내고 나도 책을 냈다고 말해도 된다. 그건 순전히 개인의 자유다.

일반적으로 종이책과 PDF 전자책, 두 콘텐츠는 각기 다른 특성이 있다. 이를 간단히 정리하면 다음과 같다.

종이책: 책을 내기 어려움 – 저자의 진입 장벽이 높음 – 대중의 신뢰도가 높음 –퍼스널 브랜딩 효과가 매우 큼

전자책: 책을 내기 쉬움 - 저자의 진입 장벽이 낮음 - 대중의 신뢰도가 낮음 -퍼스널 브랜딩 효과가 미미함

종이책이 더 좋다거나, 혹은 전자책이 더 좋다거나 말할 수는 없다. 책을 쓸 시간이 충분하고, 전문성이 있는 사람은 종이책을 쓰면 될 것이다. 시간적인 여유가 없어 당장 책을 내야 하는 사람에게는 전자책이 옳은 방법일 수도 있다. 이건 '선택'의 문제다.

문제는 독자 또는 고객들도 저자들을 '선택'한다는 데에 있다. 한 고객 앞에 동일 분야의 전문가 두 명이 있다. 전문가 A 씨는 자신이 쓴 책이라며 종이책을 건넨다. 전문가 B 씨는 자신을 전자책 저자라고 소개한다.

당신이 고객이라면 전문가 A와 B 중에서 누구에게 더 끌리겠는가?

& 힘들어도 종이책을 써야 하는 이유

사실 재능 마켓에서 판매되는 PDF 형식의 전자책은 '정식' 전자책이라고 보기 어렵다. 종이책이 출간되면 보통 EPUB(electronic publication) 형식의 전자책이 함께 출간된다. EPUB은 국제적인 전자책 기술 표준으로, 세계 거

의 모든 전자책 서점이 이 형식을 따르고 있다. EPUB 전자책은 각 고유의 ISBN을 가지고 있으며, 독자들은 단말기를 통해 이 전자책을 내려받아 읽을 수 있다. 교보문고, 예스24 등 국내 주요 인터넷 서점도 EPUB으로 제작된 전자책을 판매한다.

이에 반해, 재능 마켓에서 판매되는 PDF 전자책은 대부분 ISBN 없이 하나의 파일로 거래된다. 유통이 쉽다는 장점은 있지만 보안에 취약하다. 정확히 말해 이는 전자책이 아니다. 개인의 노하우를 정리한 하나의 PDF 파일로 보는 편이 맞다.

전자책은 대개 분량이 적다. 그리고 출판사를 통하지 않아도 되기 때문에 접근이 쉽다. 시장성 있는 자신의 노하우를 글로 적고 PDF 파일로 변환해서 재능 마켓에 올리기만 하면 된다. 그러나 이렇게 '쉽다'는 측면은 곧 약점이 된다. 이런 전자책은 누구나 쓸 수 있기에 전자책 저자는 차별성을 갖기 힘든 것이다.

다시 이 글의 처음으로 돌아가 보자. 내가 충분한 시간과 애정을 갖고 조언할 수 있다면, '종이책 말고 그냥 전자책만 쓰면 안 될까요?'하고 묻는 말에 이렇게 답하고 싶다. '힘들어도 종이책을 쓰세요'라고.

왜냐하면 당신에게 'PDF 전자책 저자'라는 이력은 큰 도움이 되지 않기 때문이다. 그리고 종이책을 쓰고 나면 전자책은 몇 시간 만에 완성할 수 있는 저력과 능력이 생긴다. 종이책을 낸 다음에 그 안의 내용을 쪼개고, 모으고, 약간만 바꾸면 전자책 수십 권은 낼 수 있다. 종이책 이후의 전자책은 너무나 쉬워지는 것이다.

& 책은 명함이다

책은 저자의 또 다른 명함이다. 명함에 저서가 있는 사람과 그렇지 못한 사람 중 우리는 누구를 더 신뢰할 수 있을까? 명함과 함께 자신의 저서를 자연스레 건네는 사람은 또 어떠한가?

당신의 이름으로 된 책 한 권이 세상에 나왔다고 생각해 보자. 이제 책이라는 명함은 당신이 자는 사이에도 당신을 알린다. 포털 사이트에서 당신의 이름을 검색하면 자연스레 책이 노출된다. 인터넷 서점에서도 당신을 저자로 한 책들이 검색된다. 검색과 노출이 반복될수록 당신의 신뢰도와 인지도는 올라간다. 이런 선순환은 당신이 따로 시간을 들이지 않아도 굴러간다. 그래서 일단 당신의 책이 세상의 빛을 보게 해야 한다.

한 권의 책은 어려운 일을 더 쉽게 만들어주기도 한다.

네이버 인물 등록, 카카오 브런치스토리 작가 등록을 더 쉽게 할 수 있다. 이력서와 강의 제안서를 낼 때도 더 많은 연락을 받을 수 있다.

어떻게 보면 이는 당연한 결과다. 우리가 온오프라인으로 사람들을 만나고 관계를 맺는 것은 모두 '신뢰'의 문제다. 그런데 책은 그 자체로 상대방에게 '신뢰'를 준다. 따라서 타인과의 관계, 제안, 거래, 계약이 한층 수월해지는 것이다. 이를 잘 이해한다면 사람들이 왜 책을 쓰는지, 특히 사업을 하는 이들이 왜 그렇게 책을 쓰는지 이해할 수 있을 것이다.

처음 만난 상대에게 자신이 PDF 전자책을 낸 적이 있다고 조심스레 말하는 당신, 그리고 종이책과 함께 명함을 건네는 당신, 스스로 어떤 모습이길 바라는가?

06
책을 쓰고 나면
배우는 것들

& 책 쓰기의 5가지 이점

책을 쓰는 과정을 통해 정말 많은 것들을 배울 수 있다. 흔히 영화를 '종합예술'이라고 표현하듯, 책 쓰기는 개인의 성장과 발전을 위한 '종합훈련'이라고 표현할 수 있다. 그만큼 책 쓰기는 종합적이며, 통합적인 사고 과정이 필요하다. 그 과정에서 배울 수 있는 5가지를 나열하면 아래와 같다.

책 쓰기를 통해 배울 수 있는 첫 번째는 바로 '기획'이다. 책을 쓰는 과정을 통해 우리는 기획력을 말 그대로 획기적으로 향상할 수 있다.

흔히, 주변에 글을 잘 쓰는 친구에게 '너 책 쓰면 되겠다' 같은 말을 하곤 한다. 하지만 글을 잘 쓴다고 책을 쓰는 건 아니다. 중요한 건 기획이기 때문이다.

기획력은 정말 큰 무기이다. 기획을 제대로 배우면 무엇이든 만들 수 있다. 책뿐만 아니라 온오프라인 강의, 유무형의 상품, 심지어 행사나 이벤트 기획 등 무엇이든 만들고 세상에 내놓을 수 있는 능력은 기획력에서 나온다. 그리고 책 쓰기는 이러한 '기획의 근력'을 키우는 가장 좋은 방법이다.

책을 쓰며 배울 수 있는 두 번째는 '글쓰기'다. 너무 당연한 이야기라 생각되는가? 하지만 책을 쓰는 과정의 글쓰기는 일반적인 분절된 글쓰기와는 다르다. 책이라는 전체적인 '숲'을 보며 각 목차라는 '나무'를 심는 과정이기 때문이다.

나도 지금 원고를 쓰며 끊임없이 앞뒤의 목차를 돌아보고 있다. 전체 목차의 흐름과 현재 원고의 연결성에 대해 생각하며 글을 쓰고 있는 것이다. 따라서 책을 쓰면 이렇게 전체와 부분을 생각하며 긴 글을 쓰는 능력을 키울 수 있다.

단기간에 집중적으로 글을 쓰기 때문에 기본적인 글쓰기 실력은 당연히 향상된다. 책을 쓰면 글쓰기 능력은 향상될 수밖에 없다. 더불어 집중력도 좋아진다.

일기와 같은 일상적인 글쓰기와 단기간에 집중적으로 글을 쓰는 책 쓰기는 생각보다 다른 성격의 글쓰기다. 직접 해보면 이 말이 무슨 뜻인지 알게 될 것이다.

세 번째는 카피라이팅이다. 책을 쓰려면 다른 책을 많이 봐야 한다. 특히 목차 부분은 집중적으로 봐야 한다. 모든 책의 목차는 저자와 출판사가 엄청나게 고심하며 세상에 내놓은 기획과 카피라이팅의 결정체다. 따라서 목차를 보고 자신에게 적용할 부분을 찾아야 한다. 이때는 분석적으로 접근하는 게 좋다. 이 과정을 통해 목차를 매력적인 문구로 다듬는 카피라이팅 능력을 키울 수 있다.

이런 식으로 실전에서 배우는 게 가장 빠르다. 목차 문구를 쓰기 위해 카피라이팅 이론서 10권을 뒤적이는 것보다, 지금 나에게 당장 필요한 부분을 다른 책의 목차에서 찾고, 벤치마킹하고, 수정하고 보완하여 자신에게 맞는 방향으로 적용하는 것이다. 이런 식의 정보 활용법이 가장 빠르게 배우고, 가장 빨리 성장하는 길이다.

네 번째, 책을 쓰면 '트렌드 읽는 법'을 익히게 된다. 트렌드에 부합하지 않는 책은 세상에 나올 수 없다. 따라서 책을 준비하는 전 과정을 통해 여기에 대해 고민하게 된다. 반대로 말하면, 책을 쓰고자 하는 이는 반드시 트렌드를 알아야 한다.

트렌드는 단순히 '유행'이라는 말로 치부할 수 있는 것이 아니다. 트렌드에는 최근 사람들의 관심사가 반영되어 있다. 또한 일련의 사회·경제적 상황이 빚어낸 인간

행동의 특성이기에, 트렌드를 통해 변화의 흐름을 읽을 수 있다. 쉽게 말해 거기엔 돈을 벌 기회가 있다. 시장성, 상품성과 직결되는 부분이다.

나는 유행에 따르고 싶지 않다고, 남들 다 하는 것에 관심 두고 싶지 않다고, 이렇게 이야기하는 독자가 있을지도 모르겠다. 그러나 트렌드에 관심이 없는 건, 우리 사회와 인간에 대한 관심이 없는 것이라 말해두고 싶다.

마지막은 '저력'이다. 도서 기획의 방향, 목차의 카피라이팅, 시장의 트렌드를 고민하는 동시에 엉덩이 붙이고 엄청난 분량의 글을 쓰는 행위는 그 과정 자체로 사람을 성장시킨다.

그리고 마침내 여러 능력을 체득하게 된다. 일을 추진하는 추진력, 장기간에 걸쳐 한 프로젝트를 끌고 가는 지구력, 일상에서의 시간 관리능력, 자기 통제력, 자신에 대한 확고한 믿음을 유지하는 능력까지… 첫 책을 제대로만 쓴다면 이런 저력들을 체득할 수 있다.

이뿐만이 아니다. 《마녀체력》의 저자 이영미는 이런 이야기를 하기도 한다.

"책을 냈다고 하면, 일종의 학력처럼 두 가지 덕목은 무조건 인정받고 넘어간다고 하겠다. 이 사람은 긴 글을 써낼 만큼 '논리력'을 갖췄구나. 이 사람은 긴 글을 써낼 정도로 '인내력'이 있구나."[2]

& 책을 쓰기 전에 배워야 할 것들

지금까지 책 쓰기를 통해 얻을 수 있는 여러 이점에 관해 이야기했다. '책 쓰기가 무슨 만병통치약인가?' 이렇게 반문하는 분들이 있을 수도 있겠다. 정확하게 짚었다. 적어도 내게는 책 쓰기가 삶의 만병통치약이었다. 내가 가진 거의 모든 저력과 경험을, 책을 쓰는 과정에서 얻었기 때문이다.

그럼 책을 쓰기 전에 준비하고 배워야 할 것은 무엇일까? 없다. 책을 쓰기 전에 배워야 할 것들은 없다. 필요한 것은 책을 쓰는 과정에서 배우면 된다. 책을 준비하는 과정에서 배우는 게 가장 빠르다.

부족한 능력을 채워서 책을 쓴다고 생각하면 평생 못한다. 왜냐하면 자신의 부족한 부분은 계속 보이고, 배울 것들을 계속 생겨나기 때문이다. 모든 능력을 다 갖춰서 시작한다는 생각보다, 위에서 나열한 5가지, 아니 그 이상의 능력들을 갖추기 위해 책을 쓰기 시작하라. 그게 가장 빠르게 성장하는 길이다.

---

2. 〈Business Post〉 2023.6.21. '책 읽는 사람은 줄어드는데, 책 쓰고 싶은 사람은 왜 늘까'

2장
책은 어떻게 쓰는 것일까?

책이라는 콘텐츠는
결국 기획이다

& 잘못된 접근은 당신의 책 쓰기를 막는다

책 쓰기 강의를 하다 보면 수많은 질문을 받는다. 그중 많은 수를 차지하는 것이 바로 '글쓰기'에 관한 질문이다. 어떻게 하면 글을 잘 쓸 수 있는지, 책에 들어가는 글은 얼마나 길고 짧아야 하는지, 문장 수준은 어느 정도가 적당한지 등이다. 그러니 이는 잘못된 접근이다.

결론부터 말하겠다.

"책 쓰기는 글쓰기가 아니다!"

다시 강조한다. 책 쓰기는 글쓰기가 아니다. 머릿속에 있는 '책 쓰기=글쓰기'라는 생각을 싹 지워버려라. 어안이 벙벙한 당신을 위해 상세한 설명을 덧붙이면 아래와 같다.

책이라는 매체는 글로써 그 내용을 전달한다. 따라서 책을 쓰는 과정에는 반드시 글쓰기가 포함된다. 그러나 이 말이 곧 '글을 쓰면 책이 된다'를 의미하진 않는다. 당신이 매일 쓰는 문자 메시지, SNS 글, 일기와 메모도 모두 글이다. 그럼 그것들을 묶으면 책이 될까? 아니다. 당신도 알고 있다. 그것들은 책이 되지 않는다. 왜냐하면 글쓰기는 책 쓰기가 아니기 때문이다.

책 쓰기와 글쓰기는 본질적으로 다르다. 이것을 깨닫지 못하면 평생 책을 못 쓴다. 글은 책이 콘텐츠를 전달하는 방식일 뿐, 본질이 아니다. 본질을 파악해야 한다.

책을 쓰기 위해 글과 문장을 연마하는 사람이 많은 걸로 알고 있다. 그러나 글쓰기만 연습해서는 팔리는 책을 쓸 수 없다. 물론 매일 글쓰기 연습을 하면 '글을 잘 쓰는 사람'은 될 수 있을지 모른다. 그러나 팔리는 책은 쓰지 못할 확률이 높다. 당신의 목적은 무엇인가? 문장가가 되는 것인가? 아니면 책을 쓰는 것인가?

& 당신의 글이 책이 되지 않는 결정적 이유

평범한 이들과 매년 자신의 책을 출간하는 사람들의 차이는 무엇일까? 당신의 글이 책이 되지 않는 결정적

이유는 이것이다. 독자가 없다는 것! 누군가의 평범한 일기와 메모가 책이 되지 않는 이유는 독자가 없기 때문이다. 즉, '나만 보기 위한 글'이기 때문이다.

독자가 없다는 문제는 생각보다 심각하다. 왜냐하면 독자에 대한 고민 없이 쓰는 글과 책은 당연히 타깃 독자가 없다. 타깃이 없다는 것은 콘셉트가 없다는 것이고, 콘셉트가 없다는 것은 차별성이 없다는 것이다. 이러한 글과 책에 대중의 관심사나 트렌드가 반영되어 있을 리 없다.

대부분 이러한 실수를 하는 이유는 많은 이들이 책을 '작품'으로 접근하기 때문이다. 책, 특히 실용서는 '작품'으로 접근하면 대부분 실패한다. 작품, 예술성, 고귀한 것, 이와 같은 프레임으로 책을 기획하면 출판사와의 계약에 실패한다. 팔리지 않기 때문이다. 그것보다는 대중이 원하는 것을 찾아야 한다. 팔리는 것을 찾아야 한다.

사실 글은 출판사와 계약하고 나서 써도 된다. 그게 무슨 소리냐고? 계약부터 하는 게 어떻게 가능하냐고? 앞서 글은 책의 본질이 아니라고 이야기했다. 따라서 글이 없어도 출판 계약이 가능하다.

나는 지금 이 책을 그렇게 쓰고 있다. 단 2장의 샘플 원고를 갖고 출판사에 연락했고 계약까지 했다. 이것이 가능할 수 있었던 이유는 내가 책 쓰기의 본질을 알고 있었기 때문이다. 다시 말하지만, 글쓰기만 연습해서는 책을 못 낸다.

& 책 그리고 책 쓰기의 본질은 따로 있다

어떤 일을 하는 데 있어, 먼저 그 일의 본질을 파악하는 것은 중요하다. 언제나 그렇다. 본질에서 벗어난 잘못된 접근은 먼 길을 돌아가게 만든다.

그러면 **책의 본질**은 무엇일까? 책은 하나의 '상품'이다. 시, 소설과 같은 문학을 우리는 보통 '작품'이라고 부르지만, 일반적인 대중서는 '상품'으로 접근해야 한다. 상품은 팔려야 그 존재가치가 있다. 따라서 팔리지 않는 상품은 세상에 나올 수 없다. 이 말은 팔리지 않는 책은 세상의 빛을 보기 어렵다는 것이다. 물론 아주 불가능한 건 아니지만 말이다('팔리지 않는 책을 낼 수 있는 방법'은 3장에서 다룬다).

당신의 책을 세상에 내고 싶다면 '팔리는' 책을 써야 한다. 출판사는 팔릴 가능성을 보고 당신의 책을 만들어 준다. 책은 상품이고, 팔릴 가능성이 있어야 세상에 나올 수 있다.

이제 가장 중요한 **책 쓰기의 본질**에 대해 밝히도록 하겠다. 그것은 바로 '기획'이다. 책 쓰기의 본질은 글이 아닌 기획이다. 그러나 내 책 쓰기 강의를 듣는 사람 중에서 기획에 대해 질문하는 사람은 단 한 명도 보지 못했다. 대부분 '책 쓰기=글쓰기'라는 생각에 갇혀있는 것이다.

책이 세상의 빛을 보려면 무조건 팔려야 한다고 했다. 책은 하나의 상품이기 때문이다. 그리고 상품으로서 책이 팔리기 위해서 그 책이 주는 '가치'가 명확하거나 유일하면 좋다. 일반적으로 좋은 책은 아래와 같은 요소를 갖고 있다.

『좋은 책을 기획하기 위한 체크리스트』

	확인 요소	세부 질문	체크
주제	주제의 가치성	독자에게 줄 수 있는 가치가 명확한 주제인가?	
	메시시 일관성	책의 메시지가 일관되게 서술되어 있는가?	
콘셉트	콘셉트 참신성	같은 콘셉트의 책이 출간되어 있지 않은가?	
	콘셉트 차별성	기존의 책과 다른 가치를 줄 수 있는가?	
타깃 독자	타깃의 명확성	대상 독자가 명확한가?	
	타깃의 부합성	대상은 책의 콘셉트와 부합하는가?	
트렌드	트렌드 민감도	최근의 트렌드를 잘 반영한 기획인가?	
저자	저자의 영향력	저자가 사회적 영향력을 가지고 있는가?	
	저자의 신뢰도	저자의 이력이 책의 신뢰도를 높여주는가?	

누군가 이렇게 반문할 수도 있겠다. '연예인들은 기획이 별로인 책도 내더라.' 그러나 놓치고 있는 것이 있다. 연예인이 내는 책은 그 자체로 상품성이 매우 높다. 책의 메시지가 평범하더라도, 독자층이 명확하고 저자의 영향력이 있기 때문이다. 저자의 신뢰 역시 출판을 하는 데 있어 매우 중요한 요소다.

그럼 평범한 사람들은 어떻게 책을 낼 수 있을까? 바로 '기획'으로 승부하는 것이다. 책 쓰기의 본질은 기획이다. 평범한 사람들에게 부족한 신뢰도를 기획으로 만회하는 전략이 필요하다. 그래서 반드시 책을 내려면 기획을 익혀야 한다.

02
대부분 사람은 모르는
책 쓰기의 핵심

& 다시 강조해도 부족하지 않은, 기획

앞서 책 쓰기는 본질은 '기획'이라고 강조했다. 바로 앞에서 한 이야기지만 이 부분은 엄청나게 중요하기 때문에 여기에서 한 번 더 다루고자 한다.

이번에는 출판사에 투고 및 출간 제안할 때 쓰이는 '출간 기획안'의 일반적인 구성 요소를 통해 왜 기획이 중요한지, 어떻게 기획의 방향을 잡아나갈 수 있는지 알아보자.

출간 기획안에는 다음의 내용이 반드시 들어간다.

'도서 제목(가제), 저자 소개, 기획 의도, 콘셉트 및 차별성, 타깃 독자, 목차'

'도서 제목'과 '저자 소개'는 기획안에 당연히 포함되어야 할 부분이라는 생각이 들 것이다. 그리고 '목차'에 대한 설명은 잠시 뒤에 하기로 하자. 그럼 이제 남은 요소는 3가지다.

'기획 의도, 콘셉트 및 차별성, 타깃 독자'

이들 요소가 쉼표로 구분되어 있지만, 사실 각각의 요소는 유기적으로 연결된다. 기획의 의도 안에는 반드시 콘셉트와 타깃 독자에 대한 고민이 녹아 있어야 하고, 타깃 독자를 고려하지 않은 콘셉트 설정은 있을 수 없으며, 이와 같은 고민이 있어야 해당 책은 비로소 차별성을 지니기 때문이다.

이러한 고민의 총합이 바로 '기획'이다. 그리고 그 고민이 잘 팔리는 책을 만든다. 글부터 쓰기에 앞서 어떤 책을 기획할 것인지에 대해 고민이 필요한 이유가 이 때문이다. 당신이 책을 쓰고자 한다면, 책 쓰기는 기획이라는 점을 절대 잊어서는 안 된다.

& 없이 시작하면 100% 망한다. 목차

기획의 방향이 나왔다면 책의 목차를 잡아야 한다. 책을 쓸 때 목차는 매우 중요하다. 목차가 제대로 완성되면 책 쓰기의 80%는 해결되었다고 볼 수 있다.

목차 없이 글을 쓰면, 그 책은 100% 망한다. 아니, 그 책은 세상의 빛을 볼 수 없다. 목차라는 큰 계획 없이 쓴 글은 일관성도 떨어지고 메시지도 명확하지 않을 것이기 때문이다.

목차는 책의 '설계도'이다. 집을 짓기 전에는 반드시 설계도가 나와야 한다. 설계도 없이 집을 짓는다고 상상해 보자. 그 집이 과연 제대로 지어질 수 있을까? 집을 짓는 중간에 수시로 계획이 바뀌거나, 예정되지 않았던 공사를 할 수도 있다. 여기 있어야 하는 기둥이 저기 있게 되는 경우도 생길 수 있다.

그래서 '책'이라는 집을 지을 때도 '목차'라는 설계도가 있어야 한다. 그래야 처음에 의도했던 대로 책을 완성할 수 있다. 기억하자. 반드시 목차라는 설계도를 바탕으로 책을 써야 한다.

독자의 입장에서도 목차는 중요하다. 우리는 서점에서 책을 고를 때 목차부터 본다. 전체적으로 목차를 훑어보며 이 책을 살지 말지를 결정한다. 이러한 측면에서도 목차는 매우 중요하다. 그래서 목차의 카피라이팅도 매력적으로 다듬어야 한다.

& 결국은 책이라는, 콘텐츠

'콘텐츠 크리에이터'라는 단어가 일반화되면서 흔히 '콘텐츠' 하면 인터넷상에 있는 영상, 사진, 텍스트 등의 디지털 자료들을 떠올린다.

그러나 책도 콘텐츠다. 많은 사람이 이를 잊고 사는지도 모르겠다. 책이야말로 가장 전통적이며, 가장 신뢰할 수 있는 콘텐츠라는 사실을 말이다.

우리가 온오프라인에서 콘텐츠를 소비하는 데는 다 이유가 있다. 누군가에게는 그 이유가 '재미'일 것이고, 다른 누군가에게는 '정보'일 것이다. 중요한 것은 이런 이유를 통해 사람들에게 해당 콘텐츠를 소비할 가치를 주어야 한다.

콘텐츠의 본질은 무엇일까? 콘텐츠는 소비되어야 한다. 책이 팔려야 의미를 갖는 것처럼, 콘텐츠 역시 소비되어야 한다. 아무도 보지 않는 유튜브 영상, 아무도 읽지 않는 블로그 글을 콘텐츠라고 말할 수 있을까? 그리고 그 창작자를 우리가 콘텐츠 크리에이터라고 부를 수 있을까?

책이 콘텐츠라는 사실, 그리고 소비되고 읽혀야 한다는 사실을 잊지 말자. 자기만족을 위한 글을 쓰는 사람은 절대 책을 쓸 수 없다.

따라서 단순 '글자랑'이 아니라, 책을 통해 콘텐츠 소비자(독자)들에게 확실한 혜택을 주어야 한다. 그 혜택은 재미, 정보, 동기부여 등이 될 수 있다. 일반적으로 실용서는 정보라는 혜택을 제공한다. 에세이는 문체, 스토리를 통해 재미를 전달한다. 본격적인 책 쓰기에 돌입하기 전에, 자신의 책이 독자들에게 어떤 혜택을 줄 수 있는지 진지하게 고민하자. 글보다 중요한 건, 책은 콘텐츠라는 인식을 갖는 것이다.

'책=콘텐츠'라는 생각을 갖는 순간, 당신은 콘텐츠 소비자에서 생산자로 변화한다. 단순히 서점에 가서 책을 고르고 읽던 소비자에서, 왜 최근 서점에 특정 종류의 책이 많이 보이는지 생각하는 생산자가 된다. 왜 이런 책이 기획되었고, 나에게 적용할 점은 무엇인지 생각하는 기획자가 된다.

그렇게 '나는 책을 통해 독자에게 어떤 혜택을 줄 것인가'를 끊임없이 고민하는 저자가 되는 것이다.

03

누구나 책을 쓰게 되는
7단계 프로세스

& 왕초보를 위한 책 쓰기의 모든 것

이제 진짜 본격적으로 책 쓰는 절차에 대해 알아보자. 당신이 책 쓰기에 대해 전혀 알지 못한다는 가정에서 단계별로 천천히 설명할 예정이다. 그러니 당신이 초보가 아닌 왕초보라도 걱정할 필요는 없다.

전체적인 단계는 아래와 같이 진행된다.

주제 잡기 → 자료 조사 → 목차 짜기 → 원고 쓰기
→ 출간 제안(투고) → 출간 계약 → 도서 출간

& 1단계. 주제 잡기

말 그대로 책의 주제를 잡는 단계이다. 중요한 것은 시장성 있는 주제를 잡아야 한다. 그래서 이 단계에서 반드시 시장 조사가 필요하다.

주제는 너무 넓어도 너무 좁아도 안 된다. 주제가 너무 넓으면 콘셉트가 모호해지고, 너무 좁으면 책을 살 사람이 적어지기 때문이다. 현재 대중의 관심도와 사회적 맥락, 이슈를 고려하여 주제를 잡는다.

이때 많은 예비 저자들이 하는 질문이, '내가 쓰고 싶은 주제'와 '대중이 원하는 주제' 사이에서 어떤 것을 선택해야 하느냐는 부분이다. 책이 상품이라는 사실을 떠올려보면 답이 나온다. '대중이 원하는 주제'로 잡아야 한다. 그러나 꼭 전하고 싶은 나의 이야기와 메시지가 있다면? 나의 이야기에 세상 사람들이 관심을 두도록, 적절한 키워드를 잡고, 콘셉트를 입히는 작업이 필요하다.

& 2단계. 자료 조사

앞서 정해진 주제를 바탕으로 필요한 자료를 수집한다. 관련 책, 논문, 방송, 기사, 다큐 등 가능한 모든 자료를 모아 정리한다. 이때 팩트를 체크하고, 출처를 명확히 해야 추후 원고 쓰기 및 자료 인용 시 수월하다.

책 쓰기를 위한 자료 조사를 할 때는 모든 자료를 정독하기보다는, 본문을 눈으로 훑어보면서 필요한 내용만 뽑아내는 것이 효율적이다. 일종의 '목적형 독서'다. 시중에 나와 있는 모든 책과 자료를 본다는 생각으로 빠르게 자료를 조사한다. 자료가 많으면 많을수록 더 목적에 집중하는 지혜가 필요하다.

자료 조사를 하는 데 있어 노하우 하나를 공개하자면, 모든 자료를 '단권화'하여 정리하는 것이다. 이렇게 하면 여러 가지로 장점이 많다. 나는 첫 책을 쓸 때 A4 100장 분량으로 자료를 조사 하고, 이를 바탕으로 다시 A4 100장 분량의 원고를 썼다.

이미 해당 분야의 전문가이거나, 개인의 경험을 바탕으로 에세이 형식의 원고를 쓴다면, 자료 조사 단계는 건너뛰거나 간단하게 하고 넘어갈 수도 있다.

& 3단계. 목차 짜기

가장 중요한 단계라 할 수 있다. 목차는 전체 책 쓰기의 80%라고 말할 수 있을 정도로 중요하며 필수인 부분이다. 그래서 충분한 시간을 들여 목차를 구성해야 한다.

주제와 콘셉트를 바탕으로 이를 잘 드러낼 수 있는 목차를 구성한다. 각 장과 하위 목차 사이의 일관성, 위계성, 논리성을 점검한다. 완성된 목차만 보고 책의 내용과 핵심 메시지를 어느 정도 유추할 수 있을 정도로 체계적으로 구성한다.

목차는 앞서 조사한 자료와 저자의 생각, 경험, 인사이트를 바탕으로 새로운 콘텐츠를 만드는 과정이다. 이제까지 조사한 자료들을 새로운 관점으로 다시 바라보고 이를 한 줄씩 목차로 풀어내자.

목차는 각각이 한 줄의 카피라이팅이다. 독자가 책을 구매할 때 가장 먼저 펼쳐보는 곳이 목차라는 사실을 기억하자. 그래서 목차를 고심해서 구성해야 한다.

책 쓰기의 단계 → 누구나 책을 쓰게 되는 7단계 프로세스
책을 쓰는 다양한 방법 → 나만의 책을 쓰는 12가지 방법
책과 출판 → 내게 꼭 맞는 출판 방법을 정하는 노하우
전자책으로 돈 벌기 → 전자책 수익화, 그렇게 하는 거
아닙니다

이런 식으로 구체적이고, 독자의 흥미를 불러일으킬 수 있는 카피라이팅이 좋다. 이 책의 목차 부분을 다시 펼쳐보자. 그리고 이제 독자가 아닌 기획자의 시선으로 아주 천천히 읽어보자.

& 4단계. 원고 쓰기

본격적으로 글을 쓰는 단계이다. 이처럼 책을 쓰는 과정 중 글쓰기는 꽤 나중에 이뤄진다. 그것도 도서 기획의 방향성이 거의 정해진 상태에서 말이다. 이를 통해 '책 쓰기=글쓰기'가 아니라는 사실을 다시 한 번 깨닫길 바란다.

원고를 쓸 때는 책의 핵심 메시지를 계속 떠올려야 한다. 책의 목적과 방향성을 잊지 말아야 한다. 그렇지 않으면 엉뚱한 방향의 글이 나올 수 있다. 핵심 메시지에 부합하지 않는 글은 원고로 좋지 않다.

숲을 그리는 일과 나무를 그리는 일은 비슷하지만 다르다. 책 쓰기에 있어 원고 쓰기는 숲을 생각하며 나무를 그리는 일이다. 큰 그림(책의 핵심 메시지)을 바탕으로, 이를 독자들에게 잘 전달하기 위한 전략적인 구조와 흐름(책의 목차)을 잡고, 이를 바탕으로 글을 써야 한다. 그렇지 않으면 원고의 방향성을 잃기 쉽다.

& 5단계. 출간 제안(투고)

보통 출판사에 출간을 제안하는 것을 '투고(投稿)'라 한다. 한자 뜻을 그대로 풀이하면 '원고를 던지다'인데 쉽게 말해 출판사에 '원고를 보내는' 일이다. 즉, 저자가 출판사에 원고를 보내서 해당 원고를 하나의 상품인 책으로 내달라고 제안하는 것이 바로 투고이다.

출판사는 보통 이메일 또는 홈페이지로 원고 접수를 받는다. 예전에는 우편이나 방문으로 했다는 이야기도 들었는데, 말 그대로 옛날이야기다. 요즘은 사전 연락 없이 원고를 들고 출판사를 방문하는 일이 실례가 될 수도 있다.

투고에는 딱 두 가지가 필요하다. 원고 그리고 기획안. 이 중에서 더 중요한 것이 무엇일까? 여기까지 책을 읽어온 독자라면 이제 바로 대답할 수 있어야 한다. 그렇다. 기획안이 훨씬 더 중요하다.

투고를 통해 책을 출판하는 방식을 '기획출판'이라고 한다. 도서 출간 '기획'을 출판사에 제안한다고 하여 이렇게 부른다. 이 기획에 대한 투자 및 도서 제작은 출판사에 서 한다.

& 6단계. 출간 계약

이메일과 홈페이지를 통해 출간 제안을 하면 출판사에서 연락이 온다. 아니, 사실은 연락이 잘 안 온다. 어쩌다 연락이 오더라도 거절 의사를 밝히는 메일이 많다. 슬프지만 그것이 현실이다. 그럴 때는 기획의 방향을 다시 보아야 한다.

만약 출판사에서 미팅을 제안하면 꼭 만나보자. 출판사의 미팅 제안은 출간 계약 확률을 높인다. 그리고 실제 미팅에서는 출간 방향(출판사에서 생각하는 더 나은 기획 방향, 예상되는 출간 일정 등)과 계약 조건(계약금 및 인세, 작가 공급률 등)에 관해 이야기를 나누면 된다.

출판사와 계약을 하게 되면 이제 같은 팀이 되는 것이다. 책이 나올 때까지 원고와 기획을 주고받으며 같은 목표를 바라보게 된다. 따라서 '당신과 결이 맞는 출판사'를 선택하는 것이 좋다.

& 7단계. 도서 출간

이제 다 왔다. 진짜 저자가 되는 단계다. 그동안 힘들었던 과정에 대한 작은 보상이 주어진다. 직접 집필한 첫 책을 손으로 잡는 순간의 기쁨은 정말 말로 다 표현할 수 없다. 그러나 여기서 끝이 아니다. 사실 이때부터가 시작이다.

내가 굳이 출간의 기쁨을 '작은' 보상이라고 표현한 것은 출간이 바로 판매로 이어지는 건 아니기 때문이다. 신간이 출간되면 저자는 마케팅에 본격적으로 뛰어들어야 한다. 생각보다 더 공격적으로 뛰어들어야 한다.

출판사가 책을 팔아줄 거라고 생각하면 안 된다. 저자는 책 판매를 위해 할 수 있는 거의 모든 일을 해야 한다. 출판사가 제안하는 저자 강연에 적극적으로 참여하고, 주변 지인에게도 알리고, SNS 채널에 출간 소식을 적극적으로 알리자. 소극적인 태도는 도서 판매에 절대 도움이 되지 않는다. 할 수 있는 모든 방법을 동원해 책을 알리자.

여기까지가 책 쓰기의 7단계이다. 각 단계를 분절적으로 제시했지만, 사실은 통합적으로 이뤄지고, 순서가 바뀌기도 한다. 따라서 절대적인 순서라기보다는 대체로 이와 같은 순서로 진행된다는 정도로 이해하길 바란다.

04
제발 글쓰기
연습부터 하지 마라

& '글 쓰는' 사람에서 '책 쓰는' 사람으로

당신의 목표가 한 명의 문학가, 문장가로 우뚝 서는 것이라면 이번 장을 읽지 않아도 좋다. 정말 그것이 당신의 진실한 목표라면 한 문장이라도 더 써라. 많이 쓰고 많이 고치면 문장은 좋아질 수밖에 없다.

그러나 그게 목표가 아니라면? 책을 써서 대중과 만나는 것이 당신의 목표라면? 그렇다면 글쓰기 연습부터 하지 마라. 기획을 하는 방법부터 배워라.

종종 이런 이야기를 하는 분들이 있다.

"책 쓰고 싶은데, 소설도 쓰고 싶어요."

그분들에게 내가 하는 조언은, 책을 쓰고 싶은지 소설을 쓰고 싶은지 하나를 정하라는 것이다. 책을 쓰고 싶다면 기획을 배워야 한다. 소설을 쓰고 싶다면 문장 연습과 합평을 통해 습작하는 과정이 필요하다.

책 쓰기와 소설 쓰기는 다른 영역이다. '출판'과 '등단' 중에서 방향을 정해야 한다. 책 쓰기는 출판의 영역이다. 소설 쓰기는 등단의 영역이다.

독자들의 이해를 돕기 위해 책을 실용서와 문학서, 이렇게 둘로 나누어 설명하면 다음과 같다.

내가 주로 강의하고 코칭하는 분야는 '실용서'다. 실용서는 일종의 비문학이며, 상품에 가깝다. 따라서 대중성과 기획이 중요하다. 독자들이 잘 읽고 이해만 할 수 있다면 문장은 크게 중요하지 않다.

반면에 '문학서'는 접근이 다르다. 시, 소설 등의 문학서는 대개 작품에 가깝다. 그래서 대중성보다 작품성, 상품성보다 예술적인 면모가 부각되는 측면이 있다. 그래서 문장이 매우 중요하다. 기획이 아닌 낱말와 문장으로 말하는 것이 문학(文學)이기 때문이다.

물론, 문장이 좋은 실용서도 있고 매우 상업적으로 접근하는 소설도 있다. 다시 말하지만, 내가 굳이 이분법적으로 구분 지어 설명한 것은 독자들의 이해를 돕기 위함이다. 책 쓰기와 소설 쓰기가 생각보다 다른 영역이라는 것을 설명하기 위함이며, 실용서의 기획이 중요함을 강조하기 위함이다.

이 책의 독자들 대부분은 실용서 또는 에세이(나는 출판되는 대다수의 에세이를 실용서로 본다)를 쓰고 싶어 할 것이다. 그렇다면 기억하라. 글쓰기 연습을 하면 '글을 잘 쓰는 사람'은 될 수 있을지언정, '책 쓰는 사람'은 되기 어렵다는 사실을.

& 출간 기획을 연습하는 가장 좋은 방법

기획, 기획, 기획. 책을 쓰는 데 있어 기획의 중요성을 반복적으로 강조하고 있다. 하지만 아직 무엇부터 시작해야 할지 막막한 독자들이 있다는 것을 안다.

그와 같은 독자들의 갈증 해소를 위해 출간 기획을 연습할 수 있는 3가지 방법을 소개하려 한다.

출간 기획을 연습할 수 있는 첫 번째 방법은, 책 읽기다. 읽지 않는 사람이 쓸 수는 없다. 무조건 많이 읽는다고 책을 쓰는 건 아니지만, 일 년에 책을 한 권도 안 읽는 사람이 책을 쓸 수 있는 건 더더욱 아니다.

단, 주의점이 있다. 단순히 콘텐츠를 즐기며 책을 읽으면 안 된다. 기획 연습을 위해 책을 읽을 때는 '기획자의 입장'에서 책을 봐야 한다. 본인이 출판 편집자 또는 이미 저자가 되었다고 생각하고 책을 보는 것이다. 책의 핵심 메시지, 목차 배치, 본문 구조가 잘 연결되는지 살펴보고, 의식하고, 뜯어보며 책을 읽는 것이다.

서점에 자주 들르는 것도 좋다. 이때도 기획자의 입장에서 서점을 둘러보자. 최근 베스트셀러 동향과 특정 시기에 자주 등장하는 키워드를 살펴본다. 베스트셀러가 왜 베스트셀러가 되었는지 생각한다. 아는 저자의 책이 있다면 이전 저서와의 차이점, 연계성을 살펴본다.

출간 기획 연습을 위한 두 번째 방법은, '거꾸로 기획안' 쓰기다. 책 한 권을 정해서 왜 이 책이 세상에 나올 수 있었는지 천천히 생각해 보는 것이다. 그리고 해당 도서의 저자가 되었다는 생각으로 기획안을 써보자.

이미 출간된 책의 실제 기획안을 구할 수는 없다. 따라서 책을 먼저 보고, 그다음에 기획을 써보는 것이다. 책을 보고 '도서 제목(가제), 저자 소개, 기획 의도, 콘셉트 및 차별성, 타깃 독자, 목차' 등을 분석해 보는 것이다.

이를 통해 기획을 보는 눈을 키울 수 있다. 책을 하나의 상품으로서 분석적으로 바라보며, 출판 시장에 대한 이해도를 높일 수 있다. 그리고 기획을 문서화하는 능력을 키울 수 있다. 기획안을 쓸 때 문서화 능력은 매우 중요하다.

마지막 방법은, 목차 베껴 쓰기다. 많은 사람의 사랑을 받는 베스트셀러 도서를 골라 목차 부분을 펼친다. 그리고 목차를 똑같이 필사해 보는 것이다.

이 방법은 어렵지 않게 실천할 수 있는 방법이다. 그러나 그 효과는 강력하다. 목차 베껴 쓰기를 반복적으로 하다 보면, 각 장과 하위 목차가 어떤 이유로 그렇게 구성되었는지 이해하게 된다. 또 해당 목차의 구조를 파악하게 되고, 그렇게 여러 권의 목차를 필사하다 보면 목차들 사이의 공통점이 보인다.

여기까지 제시한 기획자 입장에서 책 읽기, '거꾸로 기획안' 쓰기, 목차 베껴 쓰기는 실제로 매우 유용한 방법들이니 꼭 실천해 보길 바란다. 그러나 한두 번 노력과 시도로 '뚝딱' 기획 능력이 생기진 않는다. 책과 기획에 대해 생각하고 고민하는 과정이 반복되어야 한다.

05

가장 쉽게 목차를
쓰는 노하우

& 먼저 구조를 이해해야 설계할 수 있다

목차의 구조를 잡는 일은 책을 쓰는 데 있어 중요한 단계 중 하나이다. 제대로 된 목차는 제대로 된 책을, 그렇지 못한 목차는 어설픈 책을 만든다. 반드시 목차라는 설계도를 바탕으로 글을 써 나가야 한다.

하지만 막상 목차를 구성하려고 하면 막막하다. 도대체 어디서부터 어떻게 손을 대야 할지 모르기 때문이다. 많은 사람이 목차를 구성하는 단계에서 더 나아가지 못하고 책 쓰는 일을 포기한다.

목차는 체계적이어야 한다. 그 구조 안에 위계가 있어야 하며, 전체적으로 논리적인 구조를 가져야 한다. 본 도서의 목차를 예시로 목차 구조의 일관성, 위계성, 논리성을 설명하면 아래와 같다.

이 책의 가제목은 '책 쓰기 수익화의 비밀'이었다. 이를 크게 두 부분으로 나누면 '책 쓰기' 그리고 '수익화'이다. 그래서 1부는 책 쓰기의 비밀, 2부는 수익화의 비밀로 잡았다.

제목: 책 쓰기 수익화의 비밀
   1부. 책 쓰기의 비밀
   2부. 수익화의 비밀

1부는 책을 쓰는 방법에 대한 부분이다. 그런데 시작부터 바로 '책은 이렇게 쓰세요'와 같은 접근은 독자에게 친절하지 않을 수 있다. 먼저 독자에게 책을 써야 하는 이유를 설명(책은 왜 쓰는 것일까?)하고, 그 필요성을 독자가 납득해야 한다. 그래야 이어지는 부분(책은 어떻게 쓰는 것일까?)에 대한 독자의 이해도와 몰입도를 높일 수 있다.

제목: 책 쓰기 수익화의 비밀
   1부. 책 쓰기의 비밀
      1장. 책은 왜 쓰는 것일까?
      2장. 책은 어떻게 쓰는 것일까?

1장 안에서도 많이 고민했다. 나는 우리나라 사람들이 얼마나 독서하지 않는지를 짚으며 독자들의 공감을 얻기로 했다. 이어서, 그럼에도 책을 써야 하는 이유를 설명하며 '세상이 변해도 당신이 책을 썼다는 사실은 변하지 않는다'는 이야기를 하고 싶었다. 그 이후에 책 쓰기의 여러 가지 장점(책을 쓰면 어떤 점이 좋을까?)을 자연스럽게 나열했다.

> **제목: 책 쓰기 수익화의 비밀**
> **1부. 책 쓰기의 비밀**
> **1장. 책은 왜 쓰는 것일까?**
> **읽지 않는 사람들, 그런데도 책 쓰기**
> **세상이 다 변해도 변하지 않는 한 가지**
> **사람들은 왜 그토록 책을 쓰고 싶어 할까?**
> **당신이 책을 써야 하는 3가지 이유**

이런 식으로 전체 목차를 구성하고 수정하며 기획의 방향을 잡았다. 이 책에서 허투루 구성한 목차는 단 하나도 없다. 목차에도 다 계획이 있는 것이다.

이와 같이 목차는 낱낱의 부분이 짜임새 있게 설계되어야 하며 전체적으로는 통일된 메시지를 전달해야 한다(일

관성). 그리고 큰 목차와 작은 목차 사이에 지배 종속 관계
가 있다(위계성). 이 책을 예로 들면, 1부 안에 1장이 있고, 1
장 안에 6개의 글이 있는 식이다. 또한 목차의 진행 과정이
사고의 흐름에 역행하지 않고 이치에 맞아야 한다(논리성).

이처럼 목차는 논리적인 구조, 저자의 의도와 계획에
따라 독자를 설득한다. 목차를 통해 설득당한 독자는 책
을 구매하게 된다. 짜임새 있는 목차는 책을 더욱 매력적
으로 만든다.

& 무조건 통하는 설득의 공식: Why-What-How

약장수가 시장에서 약을 파는 장면을 떠올려보자. 약
장수는 처음부터 대뜸 약을 소개하지 않는다. 만약 시작
부터 '이 약 한번 잡숴봐'라고 권하는 약장수가 있다면
그는 초보다.

약장수는 '요즘 피곤하시죠? 밥만 먹으면 졸리고, 기력
이 떨어지시죠?'처럼 사람들이 공감할 만한 이야기부터
꺼낸다. 그리고 사람들이 관심을 보이면? 왜 그렇게 피곤
한지(Why), 해결방안이 무엇인지(What)에 대해 이야기를
한다. 그리고 구체적으로 건강에 유익한 방법(How)을 이
야기하며 슬쩍 약을 소개한다. 시장에서 약장수의 이야

기를 듣던 사람들은 공감, 이해, 납득의 과정을 통해 약장수에게 약을 구매하게 된다.

'공감, 이해, 납득'은 결국 설득의 과정이다. 이 과정을 통해 약장수는 거부감 없이 사람들에게 다가갈 수 있고, 많은 사람들의 지지를 받을 수 있다. 이쯤 되면 중수 이상의 약장수다.

혹시 알아차린 독자가 있는지도 모르겠다. 이 책의 목차 구성과 방금 설명한 약장수의 화술에는 공통점이 있다. 그건 Why-What-How의 순서로 사람들을 설득했다는 것이다.

Why	What	How
책은 왜 쓰는 것일까?	책 쓰기의 장점은 무엇일까?	그래서 책은 어떻게 쓰는 것일까?
몸이 왜 피곤할까?	해결방안이 있을까?	구체적으로 건강에 도움이 되는 방법은?

'설득과 판매'라는 부분도 공통점이다. 사람들을 설득해 책 또는 약이라는 상품을 구매하도록 하고 있기 때문이다.

사실 저자와 약장수의 본론은 'How'에 있다. 이 부분은 구매자에게 실질적인 도움을 준다. 하지만 본론부터 이야기하면 사람들의 관심을 끌기 힘들다. 그래서 'Why,

What'을 통해 사람들의 궁금증을 유발하고, 필요성을 설득하는 과정을 거치는 것이다.

이제 책장에 꽂혀 있는 책의 목차를 펼쳐보자. 대부분의 실용서 목차가 <u>Why-What-How</u>의 구성이라는 것을 알 수 있을 것이다. 이는 설득의 공식이기도 하지만, 강의 기획 등 여러 가지 기획을 할 때에도 활용되는 방법이다. 약장수 예를 들었다고 그냥 웃고 넘어가지 않길 바란다. 약을 팔든, 책을 팔든, 이 공식은 반드시 유용하게 쓰일 것이기 때문이다.

직장 다니며 책 6권을
낼 수 있었던 글쓰기 노하우

& 책 쓰기로 배우는 글쓰기

앞서 글쓰기는 책을 쓰는 데 있어 일부분이라는 이야기를 했었다. 기획출판의 핵심은 상품성 있는 책을 기획하는 데 있기 때문이다.

그러나 책은 글이라는 매체로 독자와 소통한다. 글을 쓰지 않고 책을 쓸 수는 없다. 따라서 글쓰기는 필수이다. 다만 내가 글쓰기 연습부터 하는 것을 추천하지 않는 이유는, 목차를 바탕으로 원고를 쓰는 과정에서 엄청난 분량의 글을 쓰게 되고, 이때 자연스레 글 실력이 늘기 때문이다. 또한 수려한 문장과 비유, 눈에 보이는 것 같은 표현은 실용서에서 크게 중요하지 않다.

그러니 글쓰기부터 연습하지 마라. 좋은 기획, 탄탄한 목차를 바탕으로 원고를 써나가며 책의 완성과 함께 글쓰기 실력을 완성하라. 이게 책 쓰기로 글쓰기를 배우는 방법이다.

그럼에도 불구하고 일단 글부터 배우고자 하는 독자가 있을 수 있다. 그런 그들에게 이런 조언을 하고 싶다.

작게 시작하세요.

한 문장부터 시작해 보세요.

글쓰기 왕초보가 작법서부터 보는 것, 나는 이것을 가장 경계한다. 하루에 한 문장도 쓰지 않는 사람이 작법서를 통해 배울 수 있는 부분은 극히 제한적이기 때문이다.

부끄러운 옛이야기를 하자면, 과거에 나는 족구를 책으로 배우려 했었다. 당시 복무하던 부대에서 족구를 자주 했었는데 내 부족한 족구 실력을 책으로 만회하려 했다.

족구를 잘하고 싶다면 밖에 나가서 한 경기라도 더 뛰었어야 했다. 그러나 나는 실내에서 족구 관련 책을 읽으며 족구를 잘하는 사람이 되고자 했다. 돌이켜보면 직접 사람들과 부딪히며 족구를 하고 싶지 않아서, 두려워서 회피했던 것 같다.

매일 한 문장도 쓰지 않으면서 글쓰기 책을 보고 글쓰기 강의를 듣는 것도 마찬가지다. 당신이 나와 같은 우를

범하지 않았으면 한다.

하루 한 문장이어도 된다. 매일 한 문장씩 30일만 써보자. 사실 이것도 쉬운 일이 아니다. 그렇게 한 문장이 한 문단이 되고, 한 문단이 하나의 글이 된다. 이건 진짜 해봐야 안다.

매일 한 문장씩 30일을 쓰면 변하기 시작한다. 때가 되면 한 문장만 쓰고는 견딜 수 없을 것이다. 그럼 이어서 문장을 써라. 그렇게 글쓰기를 당신의 삶에 들여놓을 수 있다.

& 조회 수 높은 글들이 지닌 공통적인 구조

수년간 브런치스토리를 운영하며, 총 40만 회 이상의 조회 수를 기록했다. 재미있는 것은 모든 글의 조회 수가 고르지 않으며, 몇 개의 글이 조회 수의 대부분을 차지한다는 것이다. 전체의 20%가 성과의 80%를 차지한다는 파레토 법칙이 여기에도 적용되는 듯하다.

상위 20% 글의 특징을 분석해 보았더니 공통점을 발견할 수 있었다. 조회 수가 높은 글들은 일반적으로 아래와 같은 구조로 되어 있다. 단순히 브런치스토리 뿐 아니라 다양한 SNS 플랫폼에 적용할 수 있는 내용들이니 잘 기억해서 활용하길 바란다.

1) 제목, 첫 부분

가장 중요한 것은 글의 제목이다. 제목으로 독자의 주의를 끌어야 한다. 제목이 정말 중요한 이유는 제목에 독자의 시선이 머물지 않으면 클릭조차 하지 않기 때문이다.

호기심을 자극하는 제목, 역발상을 활용해서 기존 상식에서 벗어난 제목 등으로 독자들의 흥미를 유도해 보자.

같은 이유에서 글의 첫 문단, 둘째 문단도 중요하다. 제목에서 유발된 흥미와 호기심이 계속 이어지도록 해야한다. 일단은 '독자들의 클릭을 유도하는 것'이 핵심이다.

2) 중간 부분

글의 중간 부분에서는 글의 중심 내용 또는 핵심 에피소드를 잘 풀어야 한다. 제목만 흥미롭고 내용이 없는 글은 높은 조회 수를 기대하기 어렵다. 독자들이 해당 페이지에 오래 머물지 않고 금방 이탈하기 때문이다. 이러한일이 반복되면 좋지 않다. 대부분의 SNS 플랫폼은 체류 시간이 적은 글을 인기 없는 글로 분류하고, 잘 노출시키지 않는다.

호기심을 갖고 클릭한 독자들이 글의 첫 문단, 둘째 문단을 지나 중간 지점을 이르러 '오, 이 글 좋은데? 계속 읽고 싶은데?'와 같은 생각을 갖도록 해야 한다.

사실 중간 부분이 '메인 콘텐츠'라고 할 수 있다. 따라서 이 부분에서 독자들에게 유용한 정보와 가치를 확실하게 주어야 한다.

3) 마지막 부분

글의 마지막이 중요한 이유는 독자가 글을 읽고 가장 오래 기억에 남기는 부분이기 때문이다. 가장 나중에 읽기 때문에 독자의 뇌리에 가장 최신의 활자로써 남게 되는 것이다.

그럼, 글의 마지막 부분에서 어떤 이야기를 하면 좋을까? 정보성 글의 경우에는 요약, 정리를 할 수 있다. 문학적인 글은 끝부분을 여운을 남기며 마무리 하는 것도 좋다. 독자의 감정을 건드려 글을 다 읽고 나서도 그 순간에 머무를 수 있도록 하는 것.

많은 소설가가 소설을 퇴고할 때 '마지막 장'에 엄청나게 공을 들인다고 한다. 그만큼 글의 마지막은 중요하다. 독자들의 기억에 오래 남느냐 그렇지 못하냐는, 글의 마지막이 결정한다.

& 퇴근 후 매일 저녁 글을 쓸 수 있었던 비밀

지금 쓰고 있는 이 책을 제외하고, 현재까지 6권의 책을 썼다. 2019년에 첫 책을 세상에 내놓은 이후 매년 1권 꼴로 책을 쓰고 있다. 주변 사람들은 내게 종종 묻는다.

"어떻게 직장 다니면서 매년 책을 쓰는 거야?"

미안하지만 나는 이 질문에 대해 해줄 말이 많지 않다. 매일 글을 쓰고, 새로운 출판 기획을 찾는 일은 이제 나에게 너무 당연한 일상이기 때문이다. 매일 저녁을 먹고 방으로 향할 뿐이다.

물론 나도 처음부터 그런 사람은 아니었다. 우연한 기회에 첫 책을 쓰고, 다양한 출판의 방법과 베스트셀러 기획법을 공부하며 나는 나의 정체성을 조금씩 바꿔왔다. 그러는 사이 글쓰기와 기획에 대한 내 실력과 습관이 쌓였다. 5~6년간 나도 모르게 훈련이 된 것 같다.

6권의 책을 쓰며 밟아온 시간들, 퇴근 후 매일 저녁 글을 쓸 수 있었던 비밀, 그래서 내 글쓰기의 마지막 비결은 별것 없다. 그저 매일 저녁 글쓰기 시간을 확보했다.

나는 스스로를 글 쓰는 사람, 책 쓰는 사람으로 규정했다. 남들이 뭐라고 나를 부르는지는 중요하지 않았다. 책이 많이 팔리는지 적게 팔리는지도 중요하지 않았다. 매일 저녁을 먹고 방으로 향하자는 나 자신과의 약속을 지켰다. 그리고 책상에 앉았다.

나는 지금도 내가 글과 책을 쓰는 사람이라는 사실이 너무 자랑스럽다. 가끔은 신기하기도 하다. 10년 전의 나는 지금의 내 모습을 상상도 못 했기 때문이다.

더 일찍 글과 책을 만났더라면 얼마나 좋았을까, 하는 생각이 드는 날도 있다. 하지만 그 아쉬움만큼 현재에 더 집중하기로 했다. 10년 후 지금을 돌아보며 웃음 지을 수 있기를 바랄 뿐이다. 과거를 후회하기보다는 더 이상의 후회를 만들지 않기로 한 것이다. 과거를 후회해 봐야 남는 건 자책밖에 없다는 것을 알게 되고 일어난 변화다.

'퇴근 후 매일 저녁 글을 쓸 수 있었던 비밀'은 매일 저녁 먹고 방으로 향하는 것이다. 이 비밀은 직접 실행으로 옮겨야만 효과를 체감할 수 있는 비밀이다.

꿈이라고 해야 할지, 목표라고 해야 할지, 습관이라고 해야 할지, 루틴이라고 해야 할지, 그도 아니면 자기 계발이라고 해야 할지, 어쨌든 나는 매일 글을 쓰고 있다.

내 방 책상 앞에는 이렇게 써진 종이 한 장이 붙어있다. **'나는 베스트셀러 작가다.'**

이 바람이 그저 상상으로 끝나지 않길 바랄 뿐이다.

3장
나만의 책을 내는 다양한 방법들

01
다양한 출판 방법을
익혀야 하는 이유

& 출판의 목적을 명확히 하자

"왜 책을 내고 싶으세요?"

이 질문에 많은 사람이 쉽게 답하지 못한다. 심지어 책 쓰기를 배우러 오신 수강생분들도 그렇다.

책을 내는 데 있어 목적은 매우 중요하다. 그 목적에 따라 출판 방법을 달리해야 한다. 왜냐하면 출판의 방법은 생각보다 훨씬 다양하고, 각 출판 방법에 따른 장단점이 명확하기 때문이다.

원고 투고를 통해 출판 계약을 따낸 사람은 '기획출판'을 추천할 것이다. 1인 출판 경험자는 '독립출판'의 장점을 적극 어필할 것이고, '자비출판'을 전문으로 하는 출판사 대표는 자비출판의 효율이 가장 높다고 할지도 모른다. 사실 모두의 말이 맞다. 다만 그들은 각 출판 방법의 장점만을 이야기할 뿐이다.

나는 지금까지 6권의 책을 썼다. 이름만 대면 알만한 그런 베스트셀러 책을 쓰지는 못했다. 그래도 내가 자부심을 느끼는 사실은 매년 1권씩 꾸준히 책을 냈다는 것과 다양한 출판의 분야를 경험했다는 것이다. 기획출판-자비출판-독립출판, 실용서-에세이-문학서 등 출판에 있어 거의 모든 분야를 경험하고 공부했다. 그래서 이 글을 읽는 분들에게 '목적에 맞는 출판 방법'을 알려드릴 수 있는 것이다.

그럼 내게 이렇게 물을 수 있겠다.

"어떤 출판 방법이 가장 좋은가요?"

그럼 나는 이렇게 답하고 싶다.

"목적에 따라 출판 방법을 달리해야 합니다."

목적에 따라 그 방법을 달리하는 것. 너무나 당연한 이야기가 아닌가? 그러나 경험해 보지 못한 방법을 사람들은 떠올리지 못한다. 따라서 다양한 출판 방법에 대해 반드시 이해하고 있어야 한다. 책을 내는 데 있어, 이것을 알고 접근하는 것과 모르고 접근하는 것은 큰 차이가 난다.

& 출판의 목적을 명확하게 만들어주는 질문들

"왜 책을 내고 싶으세요?"

다시 묻고 싶다. 당신은 왜 책을 내고 싶어 하는지. 만약 아직 이 질문에 답을 쉽게 하지 못하는 독자라면 다음의 이야기와 질문을 잘 읽어보길 바란다.

기획출판을 통해 번듯한 책이 나오면 당신은 반드시 개인의 브랜딩 가치를 높일 수 있다. 문화센터 강연은 물론이고, 기업 강연까지 이어질 수도 있다. 출판사에 걸려 오는 전화 중 상당수가 저자의 연락처를 묻는 용건이다. 그러니 개인의 브랜딩 및 홍보, 가치 높이기가 목적이라면 기획출판을 통해 새로운 기회들을 마주할 것을 추천한다.

그런데 만약 지극히 개인적인 삶의 기록을 책으로 묶거나, 단순히 지인들에게 나눠줄 목적으로 책을 낸다면 인쇄소에 문의하는 편이 낫다. 이 경우 출판보다는 제본에 가깝긴 하지만 투고, 기획안 작성 등 기획출판의 과정을 거치지 않아도 된다는 이점이 있다. 그러니까 왜 책을 내고 싶은지 묻는 것이다.

아래는 출판의 목적을 명확하게 만들어줄 질문들이다. 스스로 질문하고 답하며 당신만의 책을 써야 하는 이유에 대해 생각해 보길 바란다.

-나는 어떤 책을 쓰고 싶은가?

-왜 나는 그 책을 쓰고 싶은가?

-책을 쓰고 난 이후, 바라는 나의 모습은 무엇인가?

& 책 쓰기와 출판은 다르다

책을 내면 삶의 많은 부분이 바뀐다고 믿는다. 그러나 '내 이야기'를 선뜻 책으로 내줄 출판사를 만나는 일이 쉽지만은 않다. 하지만 괜찮다. 그렇기에 책을 쓰는 일이 남과 차별화되는 일이고, 그만큼 도전할 가치가 있는 거니까. 그리고 어떻게든 책을 내는 방법은 있다.

책 쓰기와 출판은 다르다. 책 쓰기는 기획과 글쓰기에 대한 공부와 훈련이 필요하다. 이와는 별개로 출판은 각 방법의 장단점을 알고 경험을 쌓아야 한다. 그래야 자신의 상황에 맞는 출판 방법을 찾고 책을 낼 수 있다.

기획출판이라면 영영 내지 못할 책이 자비출판으로 세상의 빛을 보기도 한다. 반대로 자비출판으로 나온 책이 독자들의 입소문을 타고 기획출판으로 다시 태어나기도 한다. 당장 급한 사람은 자기 비용을 투입해 자비출판으로 쉽고 빠르게 책을 낼 수도 있다.

3장에서는 다양한 출판 방법에 대한 상세한 정보와 장

단점을 안내한다. 본격적으로 들어가기 전에 각각에 대해 간략히 소개하면 아래와 같다.

기획출판

출판사를 통해 책을 내는 방법. 기획출판의 저자는 돈을 받고 책을 낸다. 좋은 기획과 원고를 출판사에 제공했으니, 그 저작료 명목으로 돈을 받는 것이다. 보통 도서 정가의 8~10%의 인세를 저자가 받는다. 저자의 브랜딩 가치를 높이기에 가장 좋은 방법이다.

자비출판

역시 출판사를 통해 책을 낸다. 그러나 자비출판의 저자는 출판사에 돈을 지불한다. 도서 제작비의 일부 또는 전부를 출판사에 내는 것이다. 물론 책이 팔리면 인세도 받는다. 자비출판의 인세는 보통 기획출판보다 높다(계약조건에 따라 상이).

독립출판

나 홀로 책을 출판하는 방법. 독립출판은 인쇄부터 제작까지 모두 혼자 하는 출판 방법이다. 그래서 제작 및 유통 등의 비용은 100% 자부담이다. 1인 출판사를 운영하는 것으로 생각하면 된다. 대신 책 판매에 대한 수익을 저자가 모두 가져가는 구조(개인 사업이니까)이다.

02
기획출판,
핵심은 투자 제안이다

& 출판사가 당신의 책을 내는 이유

앞서 나왔던 '누구나 책을 쓰게 되는 7단계 프로세스'를 다시 떠올려보자.

주제 잡기, 자료 조사, 목차 짜기, 원고 쓰기, 출간 제안(투고), 출간 계약, 도서 출간.

이것은 정확히 말하면 '기획출판'의 프로세스다. 다섯 번째 단계인 출간 제안을 해서 출판사가 이를 받아들이면 본격적으로 출판권 설정 계약 및 책 제작에 대한 논의가 들어간다. 그리고 몇 개월 후에 당신의 책이 세상에 나온다. 저자의 '기획'을 바탕으로 출판이 되기에 '기획출판'이라고 이해하면 쉽다.

이것 하나만 생각해 보자. 기획출판은 저자의 기획과 원고를 바탕으로 출판사가 '책을 내주는 것'이라고 했다. 그런데 그들이 당신의 책을 내주는 이유가 무엇일까? 이유는 간단하다. 팔릴 것 같으니까! 그러니까 팔리지 않을 책을 출판사는 만들지 않는다. 그래서 기획이 중요하다. 기획출판이라는 명칭에 그 본질이 담겨있는 것이다.

출판사와 계약이 되어도, 당신이 투고한 원고 그대로 책이 되는 일은 많지 않다. 출판사의 의도에 따라 책의 방향성이 일부 달라지기도 한다. 그렇다고 출판사에서 저자의 메시지를 통째로 바꾸진 않겠지만 디테일을 잡아가는 과정에서 그럴 수도 있다는 사실을 알아두면 좋다. 책의 상품성을 다듬는 과정이라 생각하면 된다.

이미 계약했다면 예비 저자와 출판사는 한 배를 탄 것이다. 이때는 출판사를 어느 정도 믿고 가도 좋다.

& 쉽지 않지만, 장점이 많은 기획출판

기획출판은 장점이 많다. 일단 비용이 들지 않는다. 오히려 인세라는 새로운 수입 파이프라인을 만들 수 있다. 일반적으로 인세는 도서 정가의 8~10% 수준으로, 예를 들어 15,000원짜리 책이 한 권 팔리면 1,200~1,500원의 금액이 작가에게 정산된다.

그리고 기획출판은 퍼스널 브랜딩에 가장 좋은 수단이다. 자비출판을 통해 책이 나오기도 하지만 이 경우에는 출판사 인지도가 약해 브랜딩 효과가 미미하다.

그러나 세상 모든 일이 그렇듯 기획출판에도 단점이 있다. 그건 기획을 통해 계약을 따내기가 쉽지 않다는 것이다. 기획출판은 철저하게 책을 '상품'으로 본다. 그래서 상품성이 떨어지는 기획, 팔릴 것 같지 않은 기획과 원고는 세상에 나오기 어렵다. 기획출판이 어려운 이유가 여기에 있다.

책은 기본적으로 '팔려야' 한다. 책은 상품이기에 '팔리지 않는 책'은 세상에 나오기 어렵다. 이 세계가 너무 냉정하다고 불평할 필요는 없다. 그냥 받아들이면 편하다. '팔리지 않는 상품'이 시장에 존재할 수 없다는 것은 사실 너무나도 당연한 이야기다. 책이라고 예외는 아니다.

이렇게 책은 '팔려야' 하기에 필연적으로 '독자'를 필요로 한다. 독자를 필요로 한다는 것은 '사회와 대중의 요구'라고도 할 수 있다. 다시 강조하지만 '어떤 기획을 가지고 있느냐?' 이것이 책의 운명을 좌우한다.

나의 첫 저서는 《유튜브는 처음입니다만》이었다. 이 책은 기획출판 실용서였다. 내가 아무런 스펙 없이, 심지어 유튜버도 아닌데 이 책을 낼 수 있었던 이유는 크게 두 가지였다.

첫 번째는, 차별성 있는 기획이다. 당시 국내에 출간된 유튜브 서적은 외국 서적의 번역본이거나, 유튜브 채널을 개설하고 동영상을 올리는 방법을 알려주는 책이 대부분이었다. 나는 여기에 '성공하는 유튜버들의 10가지 핵심 전략'을 분석하는 콘셉트로 도서 기획의 방향을 잡았다. 기존에 없던 기획이었던 것이다.

두 번째는, 시장이 필요로 하는 기획이었다. 당시 유튜브에 대한 사회적인 관심(수요)에 비해 출판시장에는 유튜브 관련 책(공급)이 적었다. 더불어 유튜브로 성공하고 돈을 벌고 싶은 대중의 갈증은 커지고 있었다. 이러한 시대적 상황이 있었기에 '유튜브로 성공하는 법'이라는 도서 기획이 출판사의 선택을 받을 수 있었다. 그러니까 시장이 필요로 하는 기획이었다.

나는 당시의 상황을 '새로운 기획'으로 풀어냈다. 물론 지금 위와 같은 주제와 콘셉트로 책을 내는 것은 불가능하다. 상황이 많이 변했기 때문이다. 유튜브에 대한 대중의 관심이 예전 같지 않고, 이미 많은 유튜브 도서가 출판 시장에 나와 있다.

그러나 가능성은 언제나 있다. 출판사는 항상 새로운

기획을 찾고 있다. 차별성 있는 기획, 시장이 필요로 하는 기획. 이 두 가지를 현재 출판 시장에서 찾아낼 수 있다면 당신도 책의 저자가 될 수 있다.

& 출판사를 사로잡는 기획안 쓰기

기획의 중요성은 충분히 설명되었다고 생각한다. 사실 더 강조하고 싶을 정도로 기획은 중요하지만, 그래서 몇 번 더 언급할 예정이지만, 여기에서는 기획을 출판사에 어필하는 방법에 대해 쓰고자 한다.

출판사에 출간 제안을 위해서는 원고와 기획안을 보내야 한다. 이메일 또는 홈페이지를 통해 투고가 이뤄진다고 앞서 밝혔다. 투고 시 원고가 더 중요할까, 아니면 기획안이 더 중요할까? 당연히 기획이 더 중요하다. 우리는 지금 기획출판에 대해 이야기를 나누고 있다.

기획안의 핵심은 출판사는 설득하는 것이다. 한 권의 책을 출간하기 위해 출판사가 투입하는 비용은 1~2천만 원 수준이다. 책의 편집, 인쇄, 홍보, 물류 외에도 인건비와 임대료 등의 고정비를 생각하면 그렇다. 따라서 출판사가 당신의 콘텐츠에 1~2천만 원을 투자하도록 설득해야 한다. 그래서 기획안은 '투자 제안서'의 느낌으로 정성껏 작성해야 한다.

그래서 기획안도 눈에 띄게 작성하면 좋다. 매일 출판사에 들어오는 수십 개 기획안 사이에서 어떻게 빛을 발할 수 있을지 고민해 보자.

당신 기획에 투자해 이익이 남겠다는 판단이 서야, 그들은 비로소 제안을 받아들이고 계약한다. 명심하자. 출판사는 아무 책이나 내지 않는다.

03

자비출판,
책을 내는 가장 쉬운 방법

& 기획과 원고의 시장성이 부족하다면

자비출판은 말 그대로 '내 돈'으로 출판을 하는 방식이다. 출판사에서 도서 제작과 유통을 맡고, 저자는 제작비 일부 또는 전부를 부담한다.

보통 기획과 원고의 시장성이 부족할 때 자비출판을 통해 책을 내는 경우가 많다. 기획출판의 인세율이 8~10%로 높지 않기에, 잘 팔릴 것 같은 책을 애초에 자비출판으로 내는 저자들도 있기는 하다. 그러나 현실적으로 쉽지 않은 일이다.

일부지만 처음부터 자비출판을 선택하는 저자들이 있는 건 자비출판이 지닌 장점 때문이다. 먼저, 인세율이 높다. 20~50%까지 그 계약조건은 자비출판사마다 다양하지만, 수치로만 따진다면 정산 비율은 기획출판보다 확실히 높다.

자비출판의 또 다른 장점 중 하나는 출판사 의도에 영향을 덜 받는다는 것이다. 어차피 저자가 지불하는 돈으로 제작되는 책이다. 따라서 출판사 의도에 따라 책의 방향이 달라질 확률이 낮다. 이렇게 자기 생각을 마음껏 펼칠 수 있다는 것은 자비출판의 큰 장점이다.

반대로 자비출판의 커다란 단점은 돈이 들어간다는 것. 저자 입장에서 초기 투자비용이 발생하는 것이다. 그러나 투자비용을 회수할 수 있을지는 미지수다. 보통 자비출판에 들어가는 비용은 '몇 백만 원' 수준이다. 크다면 크고 작다면 작은 돈이다. 어쨌든 돈이 들어간다는 것은 투자이자 리스크인데, 이는 기획출판에서는 하지 않아도 될 고민을 해야 하는 것이다.

또 다른 단점은 사비출판사에서 책을 낸 경우 '알아주지 않는' 경우가 있다는 것이다. 오로지 타인에게 인정받기 위해 책을 내는 건 아니지만, 같은 책이어도 대형 기획출판사 책 그리고 자비출판사 책이 주는 신뢰도는 다르다(자비출판사인지 아닌지는 조금만 조사하면 다 알 수 있다).

마케팅에 대한 부분도 생각해 봐야 한다. 자비출판의 경우 저자가 직접 마케팅을 해야 하는 경우가 대부분이다. 기획출판이 '출판사와 저자가 한 팀이 되어 책이라는 상품을 세상에 출시하고 판매하는 것'이라면, 자비출판은 그러한 측면이 약하거나 거의 없다. 이 부분은 뒤에서 다룰 출판사의 수익 구조와 관련이 있다.

& 자비출판의 계약 조건

자비출판사는 업체마다 계약 조건이 상이하다. 저자가 부담하는 금액, 인세율도 천차만별이다. 예를 들면 다음과 같은 식이다.

*자비출판사 A : 자비 '300만원' 부담 / 인세 20%
*자비출판사 B : 자비 '400만원' 부담 / 인세 50%
*자비출판사 C : 자비 '200만원' 부담 + 교정교열 '50만원' 추가 / 인세 45%

보통 작가가 부담하는 비용이 커지면 인세도 늘어나는 식이다. 물론 위의 비용과 조건을 일반화하기는 어렵다. 그 이유는 '어떤 책'을 '얼마나 제작하느냐'에 따라 비용은 달라질 수 있기 때문이다. 판형, 인쇄 부수, 종이의 질과 두께, 매수에 따라 제작비가 달라지기 때문이다. 심지어 종이 가격의 등락에 따라 제작비는 바뀔 수 있다. 그러니 적정한 비용인지 아닌지는 여러 가지 조건을 따져 봐야 한다. 이 역시 기획출판 저자가 하지 않아도 될 고민이다.

어느 정도 예상을 했겠지만 기획출판으로 책을 내는 곳, 자비출판으로 책을 내는 곳은 겉으로 보기에는 같은 '출판사'이지만 수입 구조가 다르다. 기획을 주로 하는 출판사는 좋은 기획(상품성 있는)을 가진 저자에게 투자한다. 그리고 책이라는 상품을 팔아서 이윤을 남긴다. 자비를 주로 하는 출판사는 책 판매 이윤도 물론 있지만 저자가 지불하는 비용으로 운영의 상당 부분을 해결한다. 이러한 이유 때문에 출간 이후 마케팅에서도 차이가 발생하는 것이다.

& 어떤 사람이 자비출판을 해야 할까

여기까지 자비출판의 장단점과 계약 및 출간에 대한 부분을 살펴보았다. 그렇다면 어떤 사람이 자비출판을 하는 것이 좋을까?

먼저, 급박하게 출간을 진행해야 하는 사람에게 적당하다. 기획출판은 계약에 오랜 시간이 걸리고, 계약 이후에도 언제 책이 나올지는 출판사의 연간 계획에 따라 다르다. 그러나 자비출판은 이런 사항이 간소하다. 기획의 방향에 대해 고민하는 시간을 줄일 수 있기 때문이다.

초기 투자비용이 부담스럽지 않은 예비 저자에게도 자비출판은 좋은 대안이 될 수 있다. 비용 투자만 하면 비교적 쉽게 결과물을 손에 쥘 수 있다. 다만 투자에 대한 결과물이 나온 이후, 그러니까 책이 출간되고 나서 그 '다음 스텝'에 대해 미리 고민할 필요가 있다.

만약 당신이 온라인 카페, 커뮤니티, SNS 채널 등 이미 특정 플랫폼을 가지고 있고 이를 통해 다수의 트래픽을 유도할 수 있다면 자비출판도 괜찮다. 판매와 마케팅 부분에 대한 계획을 세워 '다음 스텝'으로 나아가기 훨씬 수월하기에 그렇다.

기존과 다른 새로운 방식으로 나만의 책을 내고 싶은 사람에게도 자비출판을 추천할 수 있겠다. 나도 기획출판 경험이 있음에도 공저 소설집을 반자비출판(기획, 자비출판의 중간 형태)의 형식으로 출간했었다.

정답은 없다고 생각한다. 따라서 당신의 상황에 맞는 출판 방법을 결정하는 지혜가 필요하다. 다양한 출판 방법을 익혀야 하는 이유가 여기에 있다.

04

독립출판,
출판사 창업 어렵지만은 않다

& 온전히 나의 이야기를 하고 싶다면

독립출판은 기존 출판 시장의 접근, 사고, 관행, 시스템에서 완전히 벗어나 독립적으로 책을 내는 방법이다. 나는 이 방법을 '나 홀로 출판'이라 표현한다.

독립출판에서는 아주 사소한 이야기도 책이 될 수 있다. '이런 것도 책이 되겠어?'라는 생각이 드는 기획도 책이 된다. 정말이다. 어차피 책을 만드는 것은 본인이기 때문에 무엇이든 가능하다. 그래서 정말 별나고 별것 없어도 된다. 온전히 자신의 이야기를 세상에 내놓고 싶다면 도전해 볼 만한 방법이다.

굳이 비유하자면 유명 밴드보다는 인디 밴드 느낌이다. 상업 영화보다는 독립 영화 느낌이다. 메이저보다 마이너에 가깝다. '마이너'라고 해서 결코 책이 별로라는 얘기는 아니다. 독립출판 도서 기획의 접근이 지나치게 상업적이지 않으며, 이를 소비하는 독자들의 취향에도 나름이 색깔이 있다는 의미이다.

보통 지역에 있는 작은 '독립서점'에서 독립출판물을 다룬다. 아예 기존 출판사의 책은 받지 않고 독립출판 책만 선별적으로 소개하고 유통하는 독립서점들도 있다. 특이한 책을 원하는 독자, 남들이 보지 않는 책을 읽고 싶은 독자, 독립서점만의 고유한 분위기를 느껴보고 싶은 독자들이 이런 서점을 찾는다.

독립출판은 과거엔 거의 존재하지 않았던 출판 방식이다. 이것이 이 시대에 가능할 수 있는 이유는 디자인 프로그램 사용의 대중화, 소량 인쇄 본격화 등 관련 정보가 대중화되고 접근성이 좋아진 데에 있다. 또한 대중의 취향이 분화되어 남과 다른 무언가를 찾고 소비하는 트렌드가 독립출판의 수요를 만든 측면이 있다.

이렇게 출판의 문턱이 낮아지면서 젊은 세대를 중심으로 경력 쌓기를 위해 독립출판을 하는 경우도 늘고 있다.

목적과 의도가 무엇이든 나만의 스타일로, 자신만의 색깔로, 아주 사소한 이야기로도, 책을 만들 수 있다는 것은 매력적인 사실이다.

& 독립출판의 전체적인 프로세스

독립출판은 '자가출판'이라는 명칭으로 불리기도 한
다. 저자가 자신만의 소규모 출판사를 등록해 직접 저작
물을 기획, 집필, 편집, 출판, 유통하는 일은 언뜻 복잡해
보인다. 그러나 한번 경험해 보면 어렵지만은 않다는 것
을 알게 될 것이다. 그 전체적인 과정을 풀어보면 다음과
같다.

일단 출판사 등록을 한다. 이는 생각보다 간단한데, 거
주하고 있는 지역의 시청이나 구청을 찾아가 관련 서류
몇 장을 쓰면 된다. 사무실이 없이 거주하는 집을 사업장
주소로 할 수도 있다. 대개 문화예술 담당 부서에서 출판
사 등록 업무를 담당한다.

나음은 기획과 집필 단계이다. 다른 출판사의 확인이
나 간섭 없이 자신이 하고 싶은 이야기를 하면 된다. 주
제와 콘셉트를 잡고, 목차와 원고를 쓰면 된다. 기존의
독립출판물을 찾아보면 도움이 된다. 책의 판형, 표지 종
류, 내지 종류, 인쇄 부수 등에 대한 내용도 이때 미리 정
해놓으면 좋다.

다음은 편집 단계이다. 책의 내용을 인쇄가 가능한 형
태의 PDF 파일로 만들어야 한다. 조금 전문적으로 접근

하고 싶으면 어도비 인디자인(Adobe InDesign) 프로그램을 사용하면 되고 한컴오피스 한글 프로그램을 사용할 수도 있다. 직접 작업이 어려운 경우 편집 업무를 외주로 맡길 수도 있다. 핵심은 표지와 내지를 PDF 파일로 만들어서 인쇄소에 전달하는 것.

이제 인쇄해야 한다. 편집된 표지, 내지 파일을 인쇄소에 넘겨야 책이 나온다. 집에 있는 프린터로 책을 뽑을 순 없으니까. 오프라인 인쇄소에 문의하면 견적을 받을 수 있다. 책의 판형, 표지 종류, 내지 종류, 인쇄 부수 등 원하는 인쇄물의 설정값을 정해 문의하면 견적을 받을 수 있다. 여러 인쇄소에서 견적을 받고 비교해서 최종 인쇄소를 결정하면 된다.

만약 인쇄 부수가 100부보다 적다면 온라인 인쇄소를 이용할 수도 있다. 저렴하고 빠르게 책을 받아볼 수 있다는 장점이 있다.

독립출판물은 일반적으로 많은 부수를 인쇄하지 않는다. 100~300부 정도가 일반적이며, 그 이하 부수로 찍기도 한다. 물론 판매할 수 있는 역량이 있다면 500부, 1,000부를 찍어도 좋다. 인쇄소 선정과 인쇄 부수를 정하는 일은 신중하게 해야 한다. 위의 이야기는 아주 일반적인 것이며, 절대적 기준이 아니기에 참고만 하면 된다.

다음은 배본이다. 책을 찍으면 보관할 곳이 필요하다. 책을 집에 보관할 수도 있으나 꽤 많은 공간을 차지하고, 책이 상하지 않게 습도와 온도를 신경 써야 하며, 배송 업무까지 해야 한다는 단점이 있다. 이 업무를 담당하는 곳이 배본사이다. 배본사는 출판사의 책을 보관하고 각 서점으로 보내주는 역할을 한다. 매달 일정 금액을 받고 책의 보관 및 발송 업무를 대신해 준다. 적당한 배본사를 찾아 계약하면 된다.

여기까지 읽은 독자들은 이렇게 생각할 수 있다. '일이 점점 커지는데?' 그렇다. 사실 독립출판은 1인 출판사를 차리는 개념이다. 일종의 개인 사업이기에 고정비 지출과 리스크를 감내해야 하는 측면이 있다.

만약 경험 삼아 독립출판물을 딱 1권만 낸다고 하면 집에 보관하는 편이 나을 것이다. 그런데 지속적으로 출판해서 책의 종류가 늘어난다면 배본사 이용을 추천한다.

마지막은 유통 및 판매 단계이다. 책 소개 자료와 이미지를 만들어 독립서점에 입고 메일을 보내고, 인터넷 서점에 신간을 등록한다. 그리고 가능하다면 판매를 위한 마케팅에 힘을 쏟는다. 신간 이벤트, 서평단 운영, 유료 광고 집행 등 다양한 방법을 고민해야 한다.

출판사에서 서점에 책을 공급할 때 정가보다 낮은 가

격으로 공급하는데 이를 공급률이라고 한다. 서점마다 조건은 상이하지만, 일반적인 소규모 출판사의 공급률은 60~65% 수준이다. 정가 10,000원 짜리 책 한 권이 서점에서 판매되면 6,000~6,500원을 정산받을 수 있는 것이다. 판매된 도서 대금은 보통 각 서점에서 월 단위로 정산된다.

지면 관계상 여기에 담지 못한 세부적인 업무들도 있다. 신간 ISBN 등록, 납본, 보도자료 발송, 전자계산서 발행 등. 그럼에도 독립출판은 확실한 장점이 존재한다. 더 사소한 이야기를, 더 좁은 시장을 대상으로 하여, 나름의 특색을 가진 책을 출판할 수 있다.

기획과 원고의 완전 자율성 보장! '내가 내 책을 만든다'는 사실! 독립출판은 나만의 책을 내고 싶지만 기획출판이 버거운 이들에게 분명 좋은 대안이 될 수 있다.

& 독립출판으로 많은 돈을 벌 수 있을까

앞서 일반적인 소규모 출판사의 공급률은 60~65% 수준이라는 것을 밝혔다. 대형 출판사 또는 서점과 오랜 기간, 많은 거래를 하여 신뢰가 쌓인 출판사는 공급률 조정이 가능한 것으로 알고 있다. 그러나 1인 출판사에게 공급률 협상은 쉽지 않은 일이다.

자, 이제 1인 출판 사업자를 내고 운영하는 일이 얼마나 많은 또는 적은 돈이 되는지 궁금한 독자들이 있을 것이다. 마지막으로 그 이야기를 하려 한다.

당신은 1인 출판사를 운영하고 있다. 서점 공급률이 65%라는 가정하에, 독자가 당신 출판사의 10,000원 짜리 책을 사면 다음 달 초에 6,500원을 정산받을 수 있다.

그런데 잘 생각해 보면 6,500원은 온전한 수익이 아니다. 여기에서 인쇄비, 물류비(배본사), 홍보비, 인건비를 제외해야 순수익이다.

홍보 및 마케팅비를 줄일 수는 있다. 그러나 그 이후에 어떻게 홍보할 것인가? 출판사 대표인 당신이 직접 발로 뛰며 모든 것을 할 것인가? 온라인에서의 홍보 전략은 무엇인가? 홍보할 채널은 있는가?

인건비를 줄일 수도 있다. 단, 이때는 집필부터 표지 및 내지 편집까지 모든 업무를 혼자 해야 한다. 외주로 나가는 인건비를 줄이기 위해 당신은 여기에 많은 시간을 매달려야 한다. 이것이 힘들고 어려우면 인건비를 줄일 수가 없다.

기획출판 인세 정산 비율 8~10%보다, 독립출판의 판매 정산 비율 60~65%는 확실히 높은 수치다. 그러나 생각할 거리가 많다는 현실을 알려주는 것이다. 처음 이곳에 발을 들인 당신이 독립출판의 이런 현실을 알고 접근했으면 좋겠다.

독립출판은 결국 1인 출판사를 창업하는 개념과 크게 다르지 않다. 책이 꾸준히 판매되어야 출판사의 지속적인 운영이 가능하다. 이를 위해서는 꾸준히 사랑받는 책을 만들거나, 꾸준히 새로운 기획을 통해 신간을 내며 시장에서의 가능성을 고민해야 한다.

독립출판으로 많은 돈을 벌 수 있을까, 여기에 대한 대답이 되었길 바란다.

05
그 외의 출판,
더 쉽게 시작하고 싶다면

기획출판 이야기부터 시작해 자비출판, 독립출판, 그리고 여기까지 왔다. 그러나 지금 이 글을 읽는 독자들의 마음은 오히려 무겁지 않을까 생각한다. 기획출판은 출판사 계약이 쉽지 않고, 자비출판은 돈이 들고, 독립출판의 현실은 녹록치 않기 때문이다.

그래서 이번엔 조금 더 쉽게 책을 낼 수 있는 출판 방법을 소개한다. 바로 전자책 출판, 그리고 POD 출판이다.

& 내 노하우가 책이 되는 가장 가벼운 방법

전자책은 물성이 없다. 그래서 인쇄 및 오프라인 서점 유통이 필요하지 않다. 이렇게 손에 잡히지 않는 가벼움은 전자책의 장점이다. 앞서 전자책의 단점, 그리고 왜 종이책부터 접근해야 하는지 설명했지만 그래도 가볍게 시작하고 싶다면 전자책도 좋은 대안이 될 수 있다.

전자책은 분량도 가볍다. A4 용지를 기준으로 10매 내외 전자책도 있다. 때문에 초보 저자가 시작하기 좋다. 기획의 방향을 잡는 것은 종이책과 동일하다. 주제를 정하고 목차를 정한다. 그리고 집필에 들어간다.

분량이 제한적이므로 바로 본론을 이야기하는 것도 좋다. 보통 종이책에서는 목차 앞부분에서 필요성, 이 책을 읽어야 하는 이유를 길게 서술한다. 그러나 전자책에서는 전략적으로 이를 생략하거나 아주 간단히 다룰 수도 있다.

그리고 유용하고 실질적인 노하우 위주의 서술이 좋다. 재미를 위해 전자책을 구매하는 독자는 많지 않다. 즉시 실생활에 적용할 수 있는 노하우, 실질적인 팁을 풀어주는 편이 독자들을 빠르게 만족시킬 수 있다.

전자책도 결국 책이다. 접근이 쉽다고 대충 쓴다고 생각하면 안 된다. 글과 책을 보는 독자들의 시간을 아껴준다는 생각으로, 좋은 콘텐츠는 결국 선택받는다는 믿음으로, 자신의 노하우를 전자책에 풀어보자. 시작은 가볍지만 내용은 너무 가볍지 않게!

그리고 '전자책 출판'을 할지 '노하우집 판매'를 할지 결정해야 한다. 크몽, 탈잉 등 대부분 재능 마켓에서 판매되는 PDF 형식의 전자책은 '정식' 전자책이 아니라는 이야기를 했었다. ISBN이 없는 하나의 문서 파일이기 때문이다. 이는 '전자책 출판'보다는 '노하우집 판매'에 가깝다.

여기서 정식의 기준은 ISBN이 있느냐 없느냐. PDF 형식이어도 ISBN이 붙으면 정식 저작물이다. 따라서 저작권법의 보호를 받는다. 다시 말하지만, 정식 출판물의 기준은 ISBN 발급 여부이다.

보통 ISBN을 발급받기 위해서는 출판 사업자가 있어야 한다. ISBN에서 중간 6자리에 해당하는 부분은 발행자 번호인데, 이는 특정 발행처(일반적으로 출판사)를 나타내는 고유번호다. 우리나라에서의 발행자 번호는 국립중앙도서관 한국문헌번호센터에서 배정한다.[3]

그렇다고 처음 전자책을 쓰는 저자가 ISBN 발급 때문에 출판사 등록을 하는 것은 번거로운 일이다. 다행히 국내에는 ISBN을 쉽게 발급해 주는 서비스들이 있다. 그중에서 무료로 ISBN 발급이 가능하고 전자책 유통도 가능한 '작가와'라는 서비스가 있다.

작가와(jakkawa.com)는 쉽게 말해 전자책 무료 출판 서비스다. 가볍게 시작할 수 있다는 전자책의 장점을 살려,

---

3. 국립중앙도서관, 2018.12.7. 한국문헌번호편람(개정 7판)

만약 이미 원고가 있는 경우라면 3일 만에 전자책 출판이 가능하다. 무료 ISBN 발급이 가능하고, 국내 주요 인터넷 서점에 유통도 된다. 참고로 ISBN이 책에 붙었다고 하는 건 정식 출판이라는 의미고, 인터넷 서점 유통도 가능하다는 의미다.

& 딱 한 권도 출판이 되나요?

전자책보다는 '손에 잡히는' 종이책을 더 선호하는 분들도 있다. 종이책을 더 쉽게 출판하는 방법도 있다. 그것도 딱 한 권 출판이 가능한 방법이 있다.

POD(Publish On Demand) 출판이란 고객의 수요에 맞춰 출판하는 방식을 말한다. POD 방식을 이용하면 딱 한 권의 책도 출판이 된다. 이처럼 맞춤형 소량 인쇄가 가능하다는 점은 POD 출판의 가장 큰 장점이다. 필요한 부수가 적다면 POD 출판은 경제적이고 합리적인 선택이 될 수 있다.

다만 처음부터 많은 부수가 필요하거나 장기적으로 필요한 부수가 늘어날 예정이라면 잘 따져봐야 한다. POD 출판은 주문이 들어올 때마다 인쇄하는데, '권당 인쇄비'는 대량 인쇄가 훨씬 더 저렴하기 때문이다.

국내에는 대표적으로 교보문고 '퍼플' 그리고 '부크크' 라는 서비스가 있다.

부크크(bookk.co.kr)에서는 무료로 POD 출판이 가능하다. POD 방식인 만큼, 종이책 재고가 발생하지 않고 판매분에 대해서는 저자에게 정산도 이루어진다. 예스24, 알라딘 등의 인터넷 서점에 유통도 가능하다(단, 주문 제작이라는 POD 특성상 오프라인 서점 입고는 불가능). 교보문고 '퍼플' 도 이와 비슷한 서비스를 제공한다.

여기까지 더 쉽게 책을 낼 수 있는 출판 방법을 소개했다. 전자책 출판, POD 출판은 분명 접근이 쉽다는 이점이 있다. 그러나 전자책은 손에 잡히지 않는 상품이라는 점, POD는 오프라인 유통이 불가능하다는 점 등 각 단점도 알아두어야 한다.

다양한 출판 방법을 익혀서 출판의 선택지를 다양하게 할 수 있다는 측면에서 위 내용들을 잘 기억하길 바란다.

06
내게 꼭 맞는
출판 방법을 정하는 노하우

& 중요한 것은 자신에게 맞는 방법을 찾는 것이다

기획출판에 대한 강의를 하던 날, 이런 질문을 받은 적이 있다.

"제가 책을 쓰려고 하는데요. 책 표지는 어떤 종이로 하면 좋을까요?"

여기까지 차례대로 따라오며 '책을 내는 다양한 방법'을 익힌 독자라면 위 질문이 왜 잘못된 질문인지 대답할 수 있어야 한다. 위 질문은 기획출판의 방향을 잡는 데 있어 전혀 필요하지 않은 질문이다.

기획출판은 기획안과 원고를 출판사에 보내는 작업이 먼저다. 그리고 계약이 된 이후에도 책 제작에 대한 부분은 출판사가 알아서 진행한다.

'책 표지의 재질'은 도서 기획이 아닌 제작과 관련된 영역이다. 1인 출판사를 차려 독립출판을 하지 않는 이상 위와 같은 고민은 하지 않아도 된다. 다양한 출판 방법에 대한 이해도가 부족하기 때문에 이렇게 하지 않아도 될 고민을 하는 것이다.

아직 여기에 대한 이해가 부족하다면 앞으로 돌아가 기획출판, 자비출판, 독립출판, 그 외의 출판 방법에 대한 내용을 다시 읽고 돌아오길 바란다.

출판 방법을 정하는 데 있어 정답은 없다. 중요한 것은 자신의 상황과 목적에 맞는 방법을 정하는 것이다. 지금부터 세 가지 사례를 통해 그 노하우를 자세히 풀어보려 한다.

1) 대한민국 최고 강사를 꿈꾸는 A 씨

A 씨는 대한민국 최고의 강사가 되기로 마음을 먹었다. 그래서 자신의 책을 통해 퍼스널브랜딩을 강화해야겠다는 전략을 세웠다. 이러한 A 씨에게 가장 적합한 출판 방식은 무엇일까? 바로 기획출판이다.

대한민국 최고의 강사가 되기 위해서는 대중의 신뢰와 인지도가 필요하다. 그리고 책은 대중에게 확실한 신뢰를 준다. 따라서 주요 출판사와 출간 계약에 성공해서,

기획출판으로 자신의 단독 저서를 출판하는 것이 좋다.

그리고 만약 이 책이 대한민국에서 전례 없는 베스트셀러가 된다면? A 씨는 대중에게 확실하게 각인된다. 이후 A 씨가 대한민국 최고의 강사가 되는 것은 시간문제다.

2) 브랜딩이 필요하지만, 책 쓰기는 부담스러운 B 씨

B 씨도 강사를 직업으로 하고 있다. 하지만 아직 인지도가 매우 부족하다고 스스로 판단하고 있다. 또한 한 권의 책을 오롯이 쓰는 데 큰 부담을 느끼고 있다. 이럴 때는 공동 저술을 통해 책을 내는 방법도 있다.

가능하면 B 씨도 기획출판으로 접근하는 편이 좋다. 자신의 인지도를 크게 끌어올릴 방법이기 때문이다. 하지만 기획출판의 투고 및 계약이라는 벽에 막힌다면 자비출판을 선택하는 것도 좋은 대안이 될 수 있다.

3) 주변 지인에게 나눠줄 자서전을 준비하는 C 씨

C 씨는 자서전을 준비하고 있다. 책을 판매하는 것은 그의 목적이 아니다. C 씨는 자신의 삶을 돌아보고 주변 지인에게 나눠줄 수 있는 정도의 책이면 충분하다.

이럴 때는 굳이 기획출판으로 접근할 필요는 없다. 유명한 사람이 아닌 이상 출판사에서 자서전을 내주는 경우는 거의 없다. 왜냐하면 상품성이 없기 때문이다.

C 씨의 경우, 자비출판 또는 POD 출판을 통해 책을 내는 것으로 충분하다.

& 단독 저자로 출판하기 vs. 공저자로 출판하기

'단독저'는 말 그대로 혼자 책을 쓰는 것이다. '공저'는 여럿이 모여서 함께 책을 쓰는 것을 의미한다.

가능하면 단독저를 통해 책을 출판하는 것이 좋다. 그 방법이 더 확실하게 개인의 브랜딩을 다지는 방법이다. 왜 그런지 그 이유는 군이 설명하지 않겠다. 가능하면, 능력이 된다면 혼자 쓰는 게 좋다.

그렇다고 공저가 나쁘다는 이야기는 아니다. 공저의 장점도 있다. 공동으로 책을 쓰는 과정을 통해 좋은 사람들을 만날 수 있고, 서로의 장단점을 보완해 좋은 책이 나오기도 한다. 그리고 공저는 개인별 원고 분량이 적어 글쓰기가 수월하다(단, 그만큼 인세율도 함께 낮아진다).

그럼 어떻게 공저자가 될 수 있을까? 글쓰기 모임, 독서 모임에서 뜻이 잘 맞는 사람들이 모여 공저를 내기도 한다. 출판 전문가가 일정 금액을 받고 공저자를 모집하기도 한다. 관심을 갖고 찾아보면 공저의 기회는 생각보다 쉽게 찾을 수 있다.

& 딱 하나의 출판 방법만 남겨야 한다면

만약 당신에게 충분한 시간과 능력이 있다면, 나는 기획출판을 적극 권유할 것이다. 가장 많은 장점을 지닌 출판 방법이기 때문이다. 가장 고전적이고 확실한 방법이며, 대중에게 확실하게 인정받을 수 있는 길이기 때문이다.

그러나 기획출판으로 책이 나오더라도 단번에 유명 베스트셀러 작가가 되는 일은 쉽지 않다. 단번에 그런 상황이 오길 기대하는 것은 '로또 당첨'을 바라는 것과 다르지 않다는 것을 알았기 때문이다.

그래도 장기적으로 본다면 기획출판을 하는 편이 가장 좋다. 나의 시작이 기획출판이었고, 이를 통해 많은 기회를 직접 경험했기에 나는 여기에 대한 확신이 있다.

그래서 조금 힘은 들더라도 '딱 한 번만' 기획출판에 성공하면 인생의 많은 부분이 달라질 수 있다고 말하고 싶다.

제2부

수익화의 비밀

1장
책 써서 지식창업 하는 법

01

책 쓰기와
지식창업

& 책 쓰기는 진정한 무자본 창업이다

앞서 다양한 출판의 방법을 살펴보았다. 그리고 딱 하나의 출판 방법만 남겨야 한다면, 나는 기획출판을 선택할 거라고 이야기했다.

내가 이렇게 생각하는 가장 결정적인 이유는 기획출판이야말로 진정한 무자본 창업이기 때문이다. 자비출판, 독립출판은 초기 투자비용이 발생한다. 반면에 기획출판은 전혀 돈이 들지 않는다. 오히려 출판사로부터 돈을 받는다.

이게 바로 책 쓰기 지식창업이다. 돈 들이지 않고, 오로지 생각과 기획만으로 무한대의 콘텐츠를 만들 수 있다. 사무실도 필요하지 않다. 직원도 필요하지 않다. 기획하고 투고하고 출판사와 소통할 수 있는 능력 정도면 충분하다. 기획의 방향만 제대로 잡는다면 사소한 지식도 괜찮다.

자본이 필요하지 않다는 것은 리스크가 거의 없다는 뜻이기도 하다. 물론 투고를 하고 나서 출간 계약에 실패할 수도 있다. 그러나 투입한 자본이 없기에 잃은 것도 없다. 오히려 이 경험과 노하우가 다음 책을 준비할 때 좋은 자산이 된다. 잃을 것이 하나도 없는 창업이다.

돈은 안 들지만 시간이 투입되지 않느냐고 말할 수 있다. 그 말도 일부 맞다. 그러나 가만히 있어도 시간은 간다. 아무것도 하지 않아도 시간은 간다. 소파에 누워 넷플릭스만 봐도 시간은 간다. 이렇게 흘려보낸 시간은 당신에게 아무것도 줄 수 없다. 시간을 낭비할 것 같다는 고민에 책 쓰기 도전을 망설이는 것은 핑계에 가깝지 않을까?

처음이 어렵지 그 다음은 쉽다. 책 한 권을 쓰면 두 권 세 권을 쓰게 된다. 출판 주제와 소재들이 눈에 보이고, 자연스레 세부 콘셉트를 생각하게 된다. 이것이 가능한 이유는 책의 종류와 분야가 달라도 책을 쓰는 프로세스는 큰 틀에서 동일하기 때문이다. 주제 잡기, 자료 조사, 목차 짜기, 원고 쓰기, 출간 제안, 출간 계약, 도서 출간의 7단계 프로세스를 완전히 자신의 것으로 만들면 된다.

그리고 어느 순간, 이 과정이 익숙해지고 전체 과정을

통합적으로 보고 판단할 수 있게 된다. 이때는 자신의 기획만이 아니라 타인의 도서 기획 방향을 보고 조언할 수 있는 눈이 생긴다. 새로운 무자본 지식창업의 길이 또 열리는 것이다.

& 책 쓰기는 실패하지 않는 창업이다

모든 창업이 처음부터 성공하는 것은 아니다. 매년 수많은 스타트업이 큰 꿈을 갖고 창업하지만 대부분 실패를 경험한다. 그리고 성공한 스타트업도 과거에 많은 실패를 경험한 경우가 대부분이다.

책 쓰기 창업도 마찬가지다. 책 쓰기가 무자본 창업인 것은 맞지만 처음부터 '대박'을 노리면 안 된다. 책 한 권으로 인생 역전을 노리는 것은 현실적이지 않다. 현실을 알고 차근차근 경험과 출간 이력을 쌓아야 한다.

첫 책이 잘되지 않을 수도 있다. 그래도 괜찮다. 어쩌면 당연한 일이다. 수많은 경험을 지닌 기존 저자들과 경쟁하며, 하루에도 수십 수백 권 쏟아지는 신간 속에서 내 책을 돋보이게 하는 일은 쉽지 않다. 팬도 없고, 플랫폼도 없는 초보 저자에게는 더욱 그렇다. 그러나 포기할 필요는 없다.

지금까지 6권의 책을 출간하면서 가장 힘들었던 시기는 첫 책을 낸 직후였다. 정말 역설적이지 않은가? 그토록 원하던 첫 책이 나왔는데 가장 힘들었다니 말이다.

막상 책은 나왔는데 독자들 반응은 없고, 그래서 책을 알려야겠는데 어떻게 홍보할지도 모르겠고, 이러한 생각의 반복이었다. 내 책을 사주는 사람은 지인뿐인 것 같았다. 세상이 나를 알아주는 것 같지 않았다. 강의 요청이나 원고 청탁, 간간이 올라오는 블로그 리뷰를 보고 위로를 삼았었다.

하지만 돌이켜보면 당시의 경험이 큰 자산이 되었다. 그때를 기점으로 SNS 채널 운영을 시작하고, 나만의 플랫폼을 구축하기 위한 발걸음을 뗐다. 온라인 마케팅을 공부하고 기획과 출판 전문가를 만나 내 역량을 키웠다. 그래서 지금 이 책을 쓸 수 있었다. 아마 첫 책이 지나치게 잘 되었으면, 이 책은 세상에 나오지 못했을 것이다.

첫 책 잘되기는 쉽지 않다. 그럼에도 내가 '책 쓰기는 실패하지 않는 창업'이라고 표현한 건 실패의 경험도 큰 자산이 되기 때문이다. 반드시 그렇다. 필요 없는 경험은 없다. 쓸모없는 경험은 없다. 실패가 아니라, 성공을 위한 과정이라고 생각하라. 그래야 비로소 책 쓰기는 실패하지 않는 창업이 될 수 있다.

& 책 쓰기는 대중의 신뢰를 돈으로 바꾸는 과정이다

일본에서 크라우드펀딩 4억5천만엔(약 45억원)을 기록했던 니시노 아키히로는 그의 저서 《혁명의 팡파르》에서 다음과 같은 이야기를 한다.

"돈이란 '신용을 수치화한 것'이다."

돈은 신용을 숫자로 보여주는 것이며, 크라우드펀딩은 신용을 돈으로 만들기 위한 장치라고 그는 말한다. 즉, 대중의 신뢰가 돈이 된다는 것이다.

나는 수익화의 본질도 여기에 있다고 생각한다. 수익화는 사람들의 신뢰를 돈으로 바꾸는 과정이다. 따라서 대중의 신뢰를 더 많이 얻을수록 수익화에 유리하다. 대중의 신뢰를 돈으로 바꾸기만 하면 되기 때문이다.

그래서 책 쓰기가 좋다. 앞서 책을 쓴 저자는 사람들의 신뢰를 얻는다고 했다. 같은 분야의 전문가라고 하더라도 저서가 있는 전문가에게 우리는 더 믿음을 갖는다. 책을 쓰면 박사 학위를 소유한 사람, 공중파 방송에 출연한 사람의 대우를 받을 수 있다는 것도 이와 같은 맥락이다. 책, 박사, 공중파는 모두 신용의 다른 이름이다.

결국 책 쓰기는 세상에 지식 상품을 출시하고, 이를 바탕으로 대중의 신뢰를 얻는 작업이다. 그런데 여기서 그치면 안 된다. 책으로 얻은 신용을 돈으로 바꾸는 본격적인 이야기는 뒤에서 이어진다.

작가인 내가 마케팅에
뛰어든 이유

& 왜 사람들은 내 책을 보지 않는 걸까?

불치병 환자들이 죽음을 받아들이는 5단계가 있다고
한다. 미국의 의사 엘리자베스 퀴블러 로스가 제시한 것
으로 사람이 죽음을 선고받으면 보통 '부정, 분노, 협상,
우울, 수용'의 단계를 거친다는 것이다.

첫 책을 내고 내 심리가 이랬던 것 같다. '책이 나왔는
데 반응이 없네? 그럴 리가 없는데? 왜 사람들이 내 책을
보지 않는 거지? 뭐라도 해보자, 신이 있다면 저를 도와
주세요! 시간은 흘러가는데 변하는 게 없네. 아무래도 다
음 책을 준비해야겠다.'

이후로 정말 많은 시도를 했다. 첫 책이 실용서였던 것
이 문제였을까? 그래서 에세이 도서 2권을 출간했다. 개
인 SNS 채널에 내 글과 카드뉴스를 연재하고 이를 묶어

서 책으로 출간했다. 그러나 역시 생각 같지 않았다.

이어서 소설 쓰기에도 도전했다. 소설 쓰기의 전 과정을 세세히 배워서 책을 냈다. 비록 공저였지만, 2권의 소설집을 냈다. 출간기념회도 하고 주변에 출간 소식을 알렸다. 문학 쪽은 수익화가 더 어렵다는 것을 깨달았다.

그리고 다시 실용서로 돌아와 6번째 책을 썼다. 연말에는 습관, 루틴 관련 키워드가 독자들에게 인기라는 사실을 배웠다. 그리고 지금 7번째로 이 책을 쓰고 있다. 6권 책을 출간하며 배우고 익혔던 책 쓰기, 마케팅, 수익화에 대한 모든 지식과 경험을 여기에 쏟고 있다.

& 마케팅은 단순 노출이 아니다

참 무식하게 마케팅을 했었다. 무작정 내 책을 들고 서점에 가서 사장님을 만났다. 내가 정말 열심히 쓴 책이니 잘 보이는 곳에 놓아달라고 부탁했다. 어느 서점에서는 구석에 꽂혀 있는 내 책을 뽑아와 잘 보이는 곳에 올려두었다. 내가 직접 내 책을 사기도 했다. 한두 번이 아니다. 지금도 내 방에는 자식 같은 내 책들이 쌓여있다.

지인 영업은 물론이고 무료 강연도 많이 다녔다. 책 홍보에 도움이 될 거로 생각했기 때문이다. 카페나 지하철 역사 의자처럼 내가 머물던 자리에 책을 슬쩍 올려두기도 했다. 이런 작은 노출이 모여 큰 성과가 나지 않을까 하는 막연하고 순진한 생각이었다.

움직이는 광고판을 만들자는 생각으로 자가용 차량에 전면 랩핑을 하기도 했다. 차량의 앞뒤 좌우 심지어 창문까지 책을 홍보하는 이미지와 문구를 넣었다. 그 차를 타고 전국을 다니며 강연했다.

그런데 아무리 노력해도 책이 팔리지 않았다. 방향이 잘못된 노력이었지만 그때는 알지 못했다. 노출을 더 늘리기로 했다. 버스와 지하철 광고도 알아봤다. 실제로 열차 광고를 집행하기도 했다. 그러나 효과는 없었다. 서점 광고를 내가 직접 집행하기도 했다. 역시 효과가 없었다. 결국 번 돈보다 쓴 돈이 더 많았다.

위와 같은 경험을 통해 나는 많은 것을 배울 수 있었다.

'노출이 전부가 아니다.'

'억지로 팔아서는 안 된다.'

'오프라인 홍보에는 한계가 있다.'

'내 자가용을 광고판으로 만들지 말자.'

마케팅은 단순 노출이 아니다. 정말 많은 시도를 하고, 수많은 돈을 마케팅에 투입하고 얻은 결론이다. 광고를 많이 한다고 책이 팔리는 게 아니다. 책이 눈앞에 있어도 독자들은 책을 사지 않는다.

노출 광고는 이미 어느 정도 성과가 있는 경우, 또는 기업이나 브랜드의 대중 인지도를 강화할 때 효과적으로 사용할 수 있다는 것이 지금까지의 내 결론이다. 개인 홍보, 소규모 브랜드, 특히 책이라는 상품은 더 전략적인 마케팅 방향이 필요하다.

& 마케팅은 시간을 들이는 작업이다

내가 책 홍보에 많은 돈을 쓰고도 마케팅에 실패했던 이유는 또 있다. 바로 충분한 시간을 들이지 않은 것. 독자들과 충분한 관계를 맺지 못한 것.

더 미리, 더 장기적으로 접근했어야 했다. 책을 출간한 이후에 개인 SNS 채널을 시작하는 것은 늦다. 책 홍보를 위해 게시물을 쓰는 상대의 의도가 보이기 때문이다. 반대로 오랜 시간 SNS에서 관계를 맺은 이웃이 책을 냈다고 하면 반갑다. 이웃이 출간 소식이 '홍보'보다는 '근황 공유'에 가깝게 느껴진다.

마케팅은 타깃 고객과의 접점을 만드는 일이다. 이를 위해서는 시간을 들여야 한다. 공통의 관심사를 공유하고 생각을 나누고 관계를 맺어야 한다. 이런 시간이 쌓여 '접점'은 '접선'이 되고, '접선'은 '접면'이 된다. 점이 선이 되고, 다시 면이 되려면 충분한 시간이 필요하다. 그래서 마케팅은 시간이 필요한 작업이다.

　앞서 단순 노출 광고가 실패했던 이유도 이와 관련이 있다. 독자들과의 접점이 없는 상태에서 보이는 광고였기 때문이다. 결국 시간을 들이지 않고 급하게 광고를 한 것이 문제였다.

　시간은 신뢰의 문제이기도 하다. 우리가 누군가를 믿으려면 충분히 교류해야 한다. 시간으로 신용을 쌓는 것이다. 시간이 신용이 되고, 신용이 돈으로 바뀌는 일. 생각해 보면 마케팅의 본질은 여기에 있다. 다만, 타깃 고객들과 어떻게 시간을 보내고 어느 시점에 그것을 팔 것인지의 차이다.

　이것이 내가 작가에서 마케팅의 세계로 뛰어든 이유다. 더 장기적으로 독자들과 충분한 관계를 맺기로 한 것이다. 대박보다는 현실을, 노출보다는 관계를, 당장보다는 미래를 선택한 것이다.

03
지금 바로 시작해도 되는
지식창업

& 당신의 시작을 가로막는 '없어병'

책으로 지식창업 하는 방법, 실패 경험을 통해 얻은 마케팅 이야기까지 결국 2부는 책과 지식으로 돈 버는 방법에 대한 이야기다. 그러나 아직 많은 독자가 이런 생각을 하고 있을 것이다.

'지식창업? 아직 나에게는 너무 먼 이야기야.'

대부분이 이 생각에서 벗어나지 못한다. 그리고 이렇게 생각하는 이유는 스스로 가지지 못한 것만을 떠올리는 '없어병' 때문이다. '없어병'은 크게 두 가지 증상을 보인다.

첫 번째 증상은 '나는 콘텐츠가 없어'라고 생각하는 것이다. 콘텐츠가 없기 때문에 지식창업을 할 수 없다고 결론 내린다. '전문지식도 없는데, 내가 감히?'라고 혼잣말을 한다. 이 생각에서 헤어 나오지 못한다. 지식으로 돈 버는 사람들을 부러워한다. 이미 시작한 지식 사업가들의 '장점'을 보고 그들의 지식 상품을 구매하지만, 정작 자신에게서는 '단점'만 찾는다.

두 번째 증상은 '나는 자격이 없어'라고 생각하는 것이다. 스스로 지식을 판매할 자격이 없다고 여긴다. 이런 사람들의 문제는 그 자격 기준이 너무 높아서, 박사 학위를 취득하더라도 그 증상이 낫지 않을 수 있다는 것이다. 배우고 배워도 자신의 부족한 점만 찾기 때문이다.

지식창업의 시작을 가로막는 '없어병'을 치료하기 위해서는 인식의 전환이 필요하다. 콘텐츠가 없어서, 자격이 없어서 지식창업을 시작하지 못하는 분들에게 다음과 같은 처방을 제시한다.

& 바로 시작을 가능케 하는 두 가지 처방전

첫 번째 처방. 전문지식은 없어도 된다

정말이다. 전문지식이 없어도 지식창업에 큰 문제가 되지 않는다. 전문지식이 있다고 더 유리한 것도 아니다. 왜냐하면, '사소한 지식'으로 하는 지식창업과 '전문 지식'을 가지고 하는 지식창업은 타깃으로 삼는 대상 자체가 다르기 때문이다.

초보인 당신이 노려야 하는 대상은 '왕초보'들이다. 이들보다 조금 더 알고 경험한 것들을 풀어내면 된다. 초보와 왕초보 사이 지식의 갭(gap, 격차)을 이용하는 것이다.

두 명의 창업 전문가가 쓴 책《제로 창업》에서는 '고객은 당신의 반걸음 뒤에 있다'고 이야기한다. 그리고 '지식 차이 사업'을 다음과 같이 소개하고 있다.

'자신과 상대방의 아주 사소한 지식 차이를 메꾸어 주는 노하우를 기반으로 하여 이를 고객에게 제공하고 그 대가를 얻을 수 있는 사업'

이것이 바로 지식의 갭을 이용한 지식창업이다. 지식의 갭이 클 필요는 없다. 오히려 지식의 차이만큼 고객들은 부담을 느끼기도 한다. 지식의 차이가 사소할수록 배우는 사람은 더 친근감을 느끼고, 가르치는 사람은 더 실질적인 조언을 할 수 있다.

전문지식은 없어도 된다. 처음 시작하는 단계라면 '사소한 지식'으로 시작하자. 그 작은 지식 차이로 수익화를 시도해 보자. 지식창업의 시작은 이것부터다.

두 번째 처방. 유명하지 않아도 된다

각 분야별로 유명 인사가 있다. 특정 분야를 떠올리면 자동으로 연상되는 이름난 전문가들이다. 그들은 공중파 방송에도 나오고, 유튜브에서도 계속 노출된다. 책도 출간한다. 이들을 개인적으로 만나 상담을 받으려면 몇 달을 기다려야 하고, 상담료도 수백만 원이라는 소문이 돈다.

그러나 생각해 보자. 모든 사람이 유명 전문가에게 상담 받을 필요가 있을까? 그럼 이들을 만날 경제적, 시간적 여건이 안 되는 사람들은 어떻게 해야 할까?

바로 그들이 우리의 고객이다. 최상위 전문가를 만날 여건이 되지는 않지만, 여전히 상담과 배움이 필요한 이들에게 우리가 줄 수 있는 것을 주면 된다. 실제로 고객들을 만나보면 그들은 왕초보이다. 그래서 당신이 초보이더라도 그들에게 줄 수 있는 게 생각보다 많다는 것을 알게 된다.

그리고 우리에겐 두 가지 강점이 있다. '낮은 가격' 그리고 '높은 관여도'이다. 우리는 유명 전문가가 아니기에 낮은 가격으로 고객들을 만날 수 있다. 그리고 높은 관여도를 갖고 오래 그리고 깊이 그들의 문제를 해결해 줄 수 있다. 이건 유명인이 절대 따라 할 수 없는 부분이다. 그들은 비싸고, 바쁘기 때문이다.

학위가 없어서, 경험이 적어서, 유명하지 않아서 시작하지 못했다고 하는 건 변명이다. 정말 그 말이 맞다면 지금 각 분야 1등을 제외하고 아무도 시작하면 안 된다. 1등 외에는 그 어떤 지식상품도 판매하면 안 된다.

시작해야 자격이 생긴다. 자격이라고 하는 것은 고객이 부여하는 것이다. 당신에게 단 돈 만원이라도 낸 사람이 있다면 당신은 그럴 자격이 있는 사람이다. 그리고 그 경험과 후기를 바탕으로 더 나은 자격을 얻을 수 있다. 더 나은 자격이 생기면 가격을 조금 높게 책정할 수도 있다. 그리고 이 모든 것은 '지금 바로 시작하는 것'으로부터 시작한다.

이제 '없어병'은 당신에게 없다. 콘텐츠가 없고 전문지식이 없다면 사소한 지식부터 시작하면 된다. 자격이 없고 유명하지 않은 것이 문제라면 낮은 가격과 높은 관여도라는 강점을 내세우면 된다.

다시 강조하지만, 지식창업을 시작할 자격은 누구에게나 있다. 만원에 당신의 지식상품을 사는 고객들이 자격을 부여하는 것이다. 그리고 그 이전에 스스로 부여하는 것이다.

04
지식사업 수익화 삼각형으로
안정적 수입 구조 만들기

"나도 한번 책으로 지식창업 해봐야지!"

그 굳은 다짐, 그 결심부터 시작이다. 책은 누구나 쓸 수 있고, 지식창업의 자격 역시 누구에게나 있기 때문이다. 모든 건 방법과 아이디어, 의지와 확신의 문제일 뿐이다.

이번 장에서 소개할 것은 '지식사업 수익화의 삼각형'이다. 어느 책에서도 볼 수 없는 내용일 것이다. 핵심은 책 쓰기, 브랜딩, 마케팅을 중심으로 지식사업 수익화가 되는 선순환 구조를 만드는 것이다.

& 지식사업 수익화 삼각형 첫 번째 꼭짓점: 책 쓰기

만약 당신이 지식사업을 한다면 언젠가 한 번은 책을 써야 한다. 그럼 대중의 신뢰를 얻고, 개인의 브랜딩을 강화할 수 있다. 책을 쓰고 지식사업을 시작하면 좋지만,

지식사업을 먼저 시작했다면 나중에라도 책의 저자가 되길 추천한다.

앞서 초보자도 지식창업을 할 수 있다고 밝혔다. 그러나 이건 사업 시작의 초기 단계다. 일 년, 이 년이 지나서도 계속 초보에 머무르면 안 된다. 그런 게으름과 고민 부족이 당신의 사업 확장을 막는다. 지식사업도 사업이라는 사실을 기억해야 한다.

일단 창업을 했다면, 초보 상태는 가능한 한 빨리 벗어나는 게 좋다. 꾸준히 실력을 키우고 경험을 쌓으면 이것이 가능하다. 고객들의 우수 후기를 모은 '사회적 증거'를 통해 초보에서 벗어나는 방법도 있다.

뭐니 뭐니 해도, 가장 빨리 초보를 탈출하는 방법은 책을 쓰는 것이다. 책을 쓰면 바로 전문가의 반열에 오르기 때문이다. 책을 기획하고 집필하는 치열한 과정에서 저자는 순식간에 실력을 쌓는다. 대중은 그렇게 출간된 책을 통해 저자에게 큰 신뢰를 준다. 이것이 자연스럽게 브랜딩으로 이어진다.

전문가라서 책을 쓰는 게 아니라 책을 써야 전문가가 되는 것이다! 이 말을 몇 번이고 반복해서 중얼거려보자. 전문가라서 책을 쓰는 게 아니라 책을 써야 전문가가 되는 것이다! 그리고 진짜 전문가가 되기 위해 책을 써보자.

& 지식사업 수익화 삼각형 두 번째 꼭짓점: 브랜딩

나는 책을 쓰고 나서야 브랜딩에 대한 공부를 시작했다. 책을 쓰고 나니 곧바로 브랜딩 효과를 체감할 수 있었고, 그 중요성을 더욱 절실히 깨달았기 때문이다.

당시 사회적 관심이 높아지던 '유튜브'를 주제로 첫 책을 썼다. 나는 유튜버가 아니었다. 그럼에도 성공하는 유튜버들의 공통점을 제시하는 기획을 통해 책을 썼다. 그랬더니 신기한 일이 벌어졌다. 각종 공공기관, 기업체, 문화센터 등에서 연락이 쏟아진 것이다. 인터뷰, 기고 요청도 많이 받았다. 평범한 회사원이었던 내게 과분한 느낌이 들 정도였다. 나는 그때 몸으로 깨달았다. 책을 쓰면 바로 브랜딩이 된다는 것을. 내 삶의 전환점이 된 신기한 경험이었다.

흔히 책을 쓰면 직장을 퇴사한다는 말이 있다. 나는 처음에 이 말의 뜻을 이해하지 못했었다. 책을 쓰면 왜 퇴사를 하게 된다는 걸까? 책을 쓰면 돈을 많이 번다는 걸까? 글쓰기에 집중하기 위해 퇴사한다는 걸까?

아니다. 책을 쓰는 순간, 세상에 나를 알리는 방법을 깨닫게 되기 때문이다! 책의 저자가 되고 곳곳에서 강연 요청을 받는 순간 당신은 아, 하고 깨닫게 될 것이다. 지금 내가 하는 말이 무엇인지.

책이 가진 브랜딩 효과, 믿어도 좋다.

& 지식사업 수익화 삼각형 세 번째 꼭짓점: 마케팅

여기서 말하는 마케팅은 도서 마케팅이 아니다. 책을 파는 방법이 아닌 '책으로 나를 파는 방법'을 의미한다.

책으로 나를 알리고 팔아야 하는 이유가 무엇일까? 힘들게 책까지 썼는데 뭘 또 해야 할까? 이렇게 의문을 품는 독자가 있을 수도 한다. 그러나 그 이유는 명확하다. 책만으로는 수익화가 되지 않기 때문이다.

보통 기획출판 계약을 통해 저자가 받는 인세는 정가의 8~10% 수준이다. 15,000원 짜리 책이 한 권 팔리면 1,500원이 추후 정산되어 저자에게 지급된다. 그럼 책이 더 많이 팔리면 저자는 얼마의 인세를 받게 될까?

10권 판매 → 1,500 × 10 = 15,000(원)

100권 판매 → 1,500 × 100 = 150,000(원)

1,000권 판매 → 1,500 × 1,000 = 1,500,000(원)

천권이 팔리면 저자는 백오십만 원 가량의 돈을 출판사로부터 정산받을 수 있다. 적은 돈은 아니지만, 한권의 책을 집필하는 데 들이는 시간과 노력을 생각하면 충분한 금액도 아닌 것 같다. 더욱 큰 문제는 출간되고 천 권 이상 팔리는 책이 많지 않다는 것이다.

현실이 이렇다 보니 오로지 책 인세만 기다리는 것은 현명한 방법이 아니다. 책으로 할 수 있는 또 다른 수익화 방법을 찾아야 한다. 그래도 희망은 있다. 대중의 신뢰를 돈으로 바꾸는 과정이 바로 수익화인데, 책은 대중의 신뢰를 가장 빠르고 쉽게 얻을 수 있는 방법이기 때문이다.

대표적으로 강연이 있다. 책을 쓰면 강연 의뢰가 많이 들어온다. 의뢰하는 곳에 따라 강연료는 다양한데, 초보 저자라면 강연료를 따지기보다 강연을 통해 많은 사람을 만나는 것에 의미를 두는 것이 좋다.

더 적극적으로 '책으로 나를 파는 방법'도 있다. 일단 수익화 설계를 먼저 하는 것인데, 이 이야기는 다음 장으로 넘긴다.

책을 통해 자신을 브랜딩하고, 책뿐 아니라 자신과 자신의 상품을 판매해서 수익화하는 것. 이것이 지식사업 수익화 삼각형으로 안정적으로 수입 구조 만드는 방법이다.

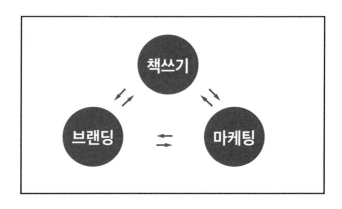

　책 쓰기, 브랜딩, 마케팅을 따로 생각하지 말자. 세 꼭
짓점이 잘 연결되면 선순환 구조가 생긴다. 첫 책을 통해
명성을 얻으면, 두 번째 책의 출간 제안을 거꾸로 출판사
로부터 받는 일도 가능하다. 현명하게 수익화하기, 지식
사업 수익화 삼각형과 함께라면 가능하다.

05
고객들은 내가 무엇을 하는지
몰라야 한다

& 중수에서 고수가 되는 방법

1부에서 나왔던 약장수 이야기를 기억하는가? 처음부터 대뜸 약을 소개하면 초보 약장수, Why-What-How의 순서로 거부감 없이 사람들에게 다가가 그들을 설득하면 중수 이상이라고 했었다.

만약 Why-What-How 공식에 따라 목차를 구성하고 책을 썼다면 그 사람은 중수라고 볼 수 있다. 지식창업 초보를 벗어난 단계인 것이다. 어쩌면 인세 수익, 강연 수익 등으로 이미 지식창업을 꽤 일정 궤도에 올려놓았는지도 모른다.

그러나 여기에도 한계가 있다. 약의 가격에는 한도가 있다(책의 가격에도 한도가 있다). 약장수가 시장을 돌아다니며 사람을 만나는 일도 한계가 있다(저자가 강연 요청을 수락하고 강연을 다니는 데에도 한계가 있다). 약을 팔든, 책을 팔든 그 사람은 어느 순간에 시공간적 제한을 느끼게 된다. 이러한 물리적 한계는 곧 수익의 한계를 의미한다.

따라서 수익 극대화를 위해서는 또 다른 방법이 필요하다. 이것을 깨닫고 물리적 한계를 극복한 사람만이 중수에서 고수로 나아간다.

그럼 중수와 고수 사이에는 또 어떤 차이가 있을까? 일단 고수는 돈을 많이 번다. 자기 상품의 가치를 더 높임으로써 돈을 많이 번다. 그리고 깊이가 있다. 깊이가 깊어짐에 따라 더 많은 돈을 벌게 된다.

초보 약장수는 약의 효능이 대단하지 않아도 괜찮다. 그렇다고 아무 약이나 팔아도 되는 건 아니지만 어쨌든. 그러나 고수는 합법적이며 확실한 효능의 약을 팔아야 한다. 고가의 약이라고 하더라도 확실한 효능으로 사람들의 삶을 바꿀 수 있다면 그는 영웅이 된다. 반대로 수많은 사람을 대상으로 효능 없는 약을 팔면 사기꾼이 된다.

좋은 약을 잘 파는 약장수는 가만히 있어도 돈을 번다. 약의 효능이 후기가 되고, 후기가 입소문이 되어 자동으로 마케팅이 된다.

이게 고수와 그렇지 못한 사람의 차이다.

& 진짜 고수가 되기 위해서는 다른 것을 팔아야 한다

진짜 고수의 모습에 한 발 더 가까이 다가가 보자. 자, 이제 진짜 고수가 되기 위해서는 약이 아닌 다른 것을 팔아야 한다. 예를 들어, 약이 아닌 '약을 팔 자격'을 팔거나, 약을 대량으로 생산해 그들에게 공급하는 식이다.

지식 판매도 마찬가지다. 책을 쓰고 지식창업을 하는 것은 '지식을 판매하는 것'이다. 여기서 판매라는 단어에 거부감을 느낄 독자가 있다는 것을 안다. 그런데 그러면 안 된다. 생각을 바꿔야 한다. 약을 팔고 책을 파는 행위를 부끄러워하면 안 된다. 잘 생각해 보자. 지금 읽고 있는 4장은 '책으로 지식창업 하는 법'이다. 우리는 사업을 하는 것이다. 책으로 '지식사업'을 하는 것이지 '지식 봉사'를 하는 것이 아니다. 이러한 사업가적 마인드를 가져야 한다. 그래야 창업을 하고, 사업을 하고, 돈을 벌 수 있다.

책과 강연만으로 수익화하는 저자는 분명 한계에 다다른다. 시공간적 제약에 따른 물리적 한계와 그에 따른 수익의 한계이다. 그래서 책을 판매함과 동시에 적극적으로 '책으로 나를 파는 방법'을 익혀야 한다. 여기에는 섬세한 접근, 그리고 기술이 필요하다.

다시 약장수 이야기로 돌아오자. 약장수 앞에서 그의

이야기를 듣는 사람들은 그의 속내가 무엇인지 몰라야 한다. 약장수가 사람들에게 처음부터 약을 팔면 안 되는 것도 이 때문이다. 약부터 들이밀면 사람들은 자리를 벗어날 것이다. '약을 팔 자격'을 판매하는 것은 더더욱 금지해야 한다. 더 높은 가치, 더 높은 가격의 상품을 처음부터 제시하면 안 된다. 처음에는 무료, 혜택을 바탕으로 잠재 고객에게 천천히 다가가야 한다. 다시 강조하면, 사람들은 약장수가 무엇을 팔지 몰라야 한다.

대부분의 저자가 책만 판다. 저자가 당연히 책을 팔지 무엇을 파는가? 만약 당신이 이렇게 묻는다면, 미안하지만 당신은 아직 지식 사업가가 아니다. 사람들에게 무엇을 팔 수 있을지, 어떤 지식 상품을 팔 수 있을지 진지하게 고민해 보라. 힌트를 주자면 다양한 상품이 있어야 한다. 책이라는 저렴한 상품 이외에 저가, 중가, 고가의 상품 리스트가 있어야 한다.

책만 파는 사람은 분명한 한계가 온다. 책을 바탕으로 강연만 하는 사람도 마찬가지다. 책 한 권만 갖고 언제까지 강연할 수 있을까 자신에게 물어보라. 그럼 나아갈 길이 분명해진다. 저자가 아니라 지식 사업가가 되어야 한다.

& 시간적, 공간적 한계를 극복하고 무한의 수익을 얻는 법

인간은 기본적으로 물리적 한계 속에 갇혀 산다. 우리가 머무르는 공간, 이동하는 속도에는 제한이 있다. 그렇다고 순간 이동을 할 수도 없다. 우리는 잠도 자야 하고 먹기도 해야 한다. 이러한 시간적, 공간적 한계를 극복하는 방법에는 크게 두 가지가 있다.

첫 번째 방법은 온라인 공간을 활용하는 것이다. 온라인이야말로 시간적 제한이 없으며(내 블로그 글은 새벽에도 계속 노출되니까), 공간적 한계가 없기(미국에서도 블로그 글을 쓰고 줌 강의를 할 수 있으니까) 때문이다. 온라인 공간을 적극 활용해 일정 수준 이상의 트래픽만 끌어올 수 있어도 수익화는 자동으로 실현된다.

또한 온라인에는 천장이 없다. 100명을 데려오기 위해 100원이 든다면, 1,000명을 데려오기 위해 1,000원만 쓰면 된다. 광고비 지출은 늘지만 그만큼 수익도 늘어나게 되고, 이런 식으로 반복하면 거의 무한의 수익을 얻을 수 있다.

두 번째 방법은 시스템이다. 내가 혼자 모든 일을 하려고 하면 안 된다. 당신이 사람들에게 '약을 팔 자격'을 파는 순간 더 이상 시장을 돌아다니지 않아도 된다. 약을 대량으로 생산해 그들에게 공급하는 방법을 만들면 된다. 그리고 더 많은 사람에게 좋은 약을 알릴 전략만 구상하면 된다. 규모를 키우려면 결국 시스템이 필요하다. 생각해 보면 많은 프랜차이즈가 이렇게 돌아간다.

그런데 온라인도 싫고 시스템도 싫다면 어쩔 수 없다. 굳이 싫은 것을 억지로 할 필요는 없다. 그냥 책을 쓰고 강연만 해도 된다. 무한의 수익이 필요하지 않다면 말이다.

전국을 두 발로 돌아다니는 지식 장수가 될 것인가, 온라인과 시스템을 활용해 세계를 누비는 지식 사업가가 될 것인가를 선택하라. 모든 것은 선택의 문제이다.

1인 지식 사업가라면 반드시
알아야 하는 기적의 도구들

& 왜 기적의 도구들인가

기적의 도구? 혹시 과장은 아닐까? 절대 과장이 아니다. 여기서 소개하는 도구들을 반드시 알고 익혀야 한다. 앞으로 1인 사업가로서 이 시대를 살아가기 위해서 말이다. 나는 이 도구들을 알고 삶이 바뀌었다.

앞서 시공간의 한계를 극복하기 위해 온라인과 시스템[4]을 활용할 줄 알아야 한다고 했다. 그리고 여기서 소개하는 온라인 자동화 도구들이 온라인과 시스템 이 두 가지를 모두 활용하는 방법의 전형적인 사례이다.

1인 지식 사업은 말 그대로 혼자 모든 일을 한다. 그래

---

4. 나는 사업 시스템을 크게 '사람, 조직 구성을 통한 시스템'과 '기계 또는 프로그램이 하는 시스템'으로 분류한다. 여기서 말하는 기적의 도구들은 '자동화 프로그램'을 통한 시스템에 해당한다.

서 할 일이 많다. 중요한 일도 있지만 잡다한 일도 많다. 잡다한 일을 하느라 중요한 일을 놓치기도 한다. 그래서 시간 관리가 중요하고, 우선순위 관리도 중요하다. 이러한 1인 기업의 한계를 극복하고, 소중한 시간을 아끼고, 아낀 시간으로 더 나은 사업 전략을 세우기 위해 온라인 자동화는 필수다.

& 지식사업 자동화를 위한 5가지 도구들

1) 재피어(zapier.com)

늦은 밤, 또는 새벽에 온라인으로 상품을 주문하고 이런 문자를 받아본 적 있지 않은가?

'OOO님 감사합니다. 신청하신 상품은 내일 발송됩니다.'

보통 상품을 주문하고 1~2분 만에 이런 문자를 받는다. 낮에도 밤에도 이런 문자를 받는다. 상품 판매자가 엄청나게 성실하다고 생각할 수도 있지만, 대부분 이런 문자는 자동화된 시스템을 통해 발송된다.

재피어(Zapier)는 서로 다른 서비스를 연결 지어주는 자동화 기능을 제공한다. 심지어 각 서비스를 제공하는 회사가 달라도 연동이 가능하다. 새로 들어온 주문 명단이 구글 시트(Google Sheets)에 들어오면 국내 문자 발송 서비스에서 이 데이터를 바탕으로 문자를 발송한다. 만약, 새벽에 고객에게 문자 발송되는 것이 염려되면 다음 아침 9시까지 기다렸다가 문자가 발송되도록 할 수도 있다. 물론 직접 기다릴 필요는 없다. 재피어에서 딜레이 기능(Delay by Zapier)을 활용하면 된다. 개인화된 메시지도 보낼 수 있다. 'OOO님'이라고 문자가 오는 것은 사람이 하나하나 입력하는 것이 아니다.

내가 자더라도 재피어 자동화는 계속 돌아간다. 아래의 QR코드를 통해 지금 체험할 수 있다. 정보를 입력하면 자동으로 문자, 이메일로 유용한 정보가 발송되도록 세팅해 두었다.

위 QR 코드로 접속하시면 '알아두면 도움 되는 투고 꿀팁 소책자'를 자동으로 받을 수 있습니다.

2) 랜드봇(landbot.io)

요즘 다양한 분야에 챗봇이 활용되고 있다. 은행 업무도 고객 상담도 챗봇이 한다. 신기하면서도 '나도 이런 걸 만들 수 있을까'라는 생각을 하는 독자는 많지 않을 것이다. 너무 딴 세상 이야기 같기 때문이다.

그러나 랜드봇(Landbot)을 활용하면 챗봇을 만드는 것도 가능하다. 랜드봇 로직을 짤 수만 있다면 강의 신청봇, 고객 응대봇, 상품 판매봇 모두 만들 수 있다. 코딩도 필요 없다. 마우스로 드래그 앤 드롭만 할 줄 알면 된다. 아, 마우스와 드래그 앤 드롭을 모른다면 문제가 될 수 있다.

사실 챗봇의 구성은 단순하다. A라는 질문이 들어오면 a라는 답변을 하도록, B라는 질문이 들어오면 b라는 답변을 하도록 세팅해 놓은 것뿐이다.

앞서 QR코드 테스트를 통해 문자를 받았는가? 이때 이름, 이메일 등 정보를 받는 챗봇이 랜드봇이다. 내가 직접 30분 만에 만든 챗봇이다. 익숙해지면 이 정도는 누구나 할 수 있다. 참고는 나는 코딩을 정식으로 배워본 적이 없다.

3) 구글 워크스페이스(workspace.google.com)

구글에서 제공하는 무료 서비스이다. 구글 문서, 구글 시트, 구글 설문지 등 다양한 서비스가 가능하다. 온라인 상에 자동으로 저장되기 때문에 전 세계 어디서나 이용이 가능하고 재피어, 랜드봇과 연동이 쉽다.

온라인 자동화에서는 특히, 구글 시트와 구글 설문지가 주로 사용된다. 이 도구들의 자세한 사용법은 조금만 검색하면 쉽게 찾을 수 있다.

물론 국내 서비스도 있다. 네이버 오피스가 대표적이다. 네이버에서도 온라인 문서를 만들 수 있다. 그러나 가능하면 구글에서 제공하는 서비스를 추천한다. 왜냐하면 재피어, 랜드봇 등 자동화 툴 대부분이 해외 서비스이고 구글과 연동하는 편이 가장 쉽고 편리하기 때문이다.

4) 챗GPT(chat.openai.com)

미국의 오픈AI(OpenAI)라는 회사가 개발한 인공지능 챗봇이다. 워낙 많이 알려졌기에, 챗GPT에 대한 자세한 설명은 하지 않는다. 다만 이것만은 기억해야 한다. 앞으로 인공지능 활용할 줄 아는 사람과 그렇지 않은 사람 사이에는 엄청난 격차가 벌어질 것이다.

나는 책과 글을 쓰는 데 자신이 있다. 나름의 자부심도 있다. 그래서 처음에 챗GPT를 멀리했었다. 쓸데없는 '작가주의'라고 해야 할까? 그러나 지금은 아니다.

챗GPT를 잘 활용하기 위해서는 질문하는 능력이 매우 중요하다. 만약 챗GPT를 활용해 블로그를 운영한다면 다음과 같이 활용이 가능하다.

먼저 '많은 트래픽을 모을 수 있는 블로그 주제 100개를 추천해 줘'라고 질문한다. 이를 바탕으로 주제를 선정한 후 '해당 주제에 어울리는 블로그 네이밍 30개를 추천해 줘'라는 질문을 통해 블로그 명칭을 정한다. 이런 식으로 블로그를 개설하고 글의 주제 선정 및 원고 작성에 대한 질문을 하면 된다.

참고로 챗GPT로 질문할 때는 필요한 사항을 최대한 구체적으로 쓰는 편이 좋다. 글자 수, 글의 의도와 목적 등을 분명히 밝히거나, '너는 지금부터 □□□ 분야 전문가야'라는 식으로 역할을 부여하는 식이다.

5) 컨버트킷(convertkit.com)

컨버트킷(Convertkit)은 이메일 마케팅 도구이다. 해외와 비교하여 국내에서는 이메일 마케팅이 많이 활성화되지 않았다. 그러나 이메일은 가장 저렴하며 전통적인 마케팅 도구다. 마케터들이 이메일 마케팅을 포기하지 않는 이유다(스팸 메일을 보내자는 이야기가 아니다).

무료 자료를 신청했는데, 며칠 간격으로 발송되는 이메일을 받아본 적 있을 것이다. 어떤 성실한 직원이 보내는 것이 아니다. 재피어가 자동으로 문자를 자동으로 보내는 것처럼, 이러한 이메일 역시 자동으로 발송되는 것이다.

1일 차 메일, 2일 차 메일, 3일 차 메일을 미리 작성해두면 컨버트킷이 자동으로 이메일을 발송한다. 보통 이런 식으로 연속해서 발송되는 메일을 스텝 메일, 시나리오 메일, 시퀀스 메일 등으로 부른다.

컨버트킷은 자동으로 스텝 메일만 발송하는 게 아니다. 고객별로 태그(tag)를 붙여 별도로 관리할 수 있고, 무엇보다 재피어와 연동성이 좋다. 구글 시트에 새로 들어온 고객에게 자동으로 문자를 보내고, 컨버트킷 태그를 추가하도록 설정하면 된다. 그러면 컨버트킷에서 일자에 맞춰 자동으로, 그리고 순차적으로 이메일을 발송한다.

여기까지 지식사업 자동화를 돕는 5가지 도구들을 알아보았다. 더 많은 도구가 있지만 일단 이 책에서 소개한 도구들을 활용해 보길 바란다. 무료 서비스도 있고 유료 서비스도 있지만 제대로 활용하면 정말 유용한 서비스들이다.

이러한 자동화 도구를 활용해 돈 버는 방법을 알려주는 자료들이 수십만 원에 거래되기도 한다. 그만큼 가치가 있다는 것이다. 그러나 써보지 않으면 이 도구들의 진가를 알지 못한다.

그리고 각 자동화 도구의 개별적 사용법을 익힌 후에는 연결할 줄 알아야 한다. 예를 들어, 재피어와 랜드봇, 그리고 구글 시트를 연동하면 앞의 QR코드 테스트와 같이 자동으로 자료를 발송하는 온라인 시스템을 구축할 수 있다.

자동화 도구를 활용하면 장점이 많다. 한번 설정만 해두면 모두 자동으로 돌아간다. 코딩도 필요 없다. 홈페이지나 사이트가 없어도 된다. 딱 한 번만 구축하면 된다. 그런데도 자동화하지 않을 이유가 무엇인가? 지식사업 자동화의 세계에 오신 걸 환영한다.

2장
책으로 어떻게 수익화를 할까?

01
책 쓰기 수익화가
안 되는 결정적 이유

& 작가는 가난하다는 말에 대해

우리는 작가라는 단어를 들으면 대개 가난한 이미지를 떠올린다. 화려하지 않은 옷을 입고 집필에만 몰두하는 모습, 머리를 쥐어뜯으며 모니터 화면과 씨름하는 고뇌하는 사람.

대부분의 작가는 왜 가난한 걸까? 여기에 대한 내 대답은 '책만 판매하니까 그렇다'이다. 책이라는 하나의 상품만 판매한다. 그런데 그 상품은 저가의 상품이다. 게다가 그 상품 판매액의 일부만 인세의 형태로 정산 받는다.

이 시간에도 좋은 작품을 쓰기 위해 고민하는 작가들에게 경의를 표한다. 그들을 깎아내릴 생각은 전혀 없다. 나는 순전히 수익화의 관점에서 책에 대해 이야기하고 있다. 그리고 작가에게는 자기 작품에 대한 집념, 고집이 필요하다고 생각한다. 시, 소설 등의 문학을 집필하는 작가가 하는 일은 예술 그리고 장인의 영역이라 생각한다.

반면, 내가 이야기하는 '책 쓰기 수익화'는 실용과 사업의 영역이다. 그래서 사실 작가보다는 저자라는 말이 더 어울릴지 모른다. 작가는 '문학 작품, 사진, 그림, 조각 따위의 예술품을 창작하는 사람'이고, 저자는 '글로 써서 책을 지어 낸 사람'이다.[5]

내가 이 책에서 하는 주장은 창작을 하자는 말이 아니다. 사업을 하자는 말이다. 그것도 책이라는 상품을 효과적으로 사용해서 말이다.

책만으로 부자가 되기는 힘들다. 하지만 책을 전략적으로 활용하면 부자가 될 수 있다. 예술적인 작품을 남기고 싶은 것인지, 대중의 신뢰를 바탕으로 지식 사업을 하고 싶은 것인지 목적을 분명하게 정해야 한다.

& 책 쓰기, 그 이후에 대한 고민이 필요하다

책 한 권을 쓰고 세상이 알아주길 바라는 것은 예술도 아니고 사업도 아니다. 예술가가 될지, 사업가가 될지 결

5. 표준국어대사전

정해야 한다. 책이라고 다 같은 책이 아니기 때문이다.

대부분 처음 책을 쓴 사람들은, 첫 책을 출간한 직후 많이 힘들어한다. 책은 세상에 나왔는데 들어오는 돈은 거의 없고, 무엇을 어떻게 해야 할지도 모르기 때문이다.

이런 문제가 발생하는 이유는 책 쓰기 이후에 대한 고민이 없어서다. 진지한 고민 없이, 세밀한 전략 없이 남들이 하니까 '나도 책 한 권 써볼까?' 하는 접근으로 책을 써서 그렇다. 그런데 사실, 나도 그랬었다.

당신의 책이 대중에게 지식을 나누는 수준에서 멈추지 않았으면 좋겠다. 왜냐하면 당신이 지속해서 그 일을 할 수 없기 때문이다. 어떤 일의 성장과 발전을 위해서는 지속가능한 시도가 있어야 한다. 그리고 여러 번 시도할 수 있는 밑바탕에는 안정적인 수입원과 실패가 용인되는 환경이 뒷받침되어야 한다. 따라서 책을 쓰고, 개인의 성장을 기대하는 데 있어, 수익화에 대한 고민은 필수다.

전자책만 해도 그렇다. 많은 사람이 전자책 한 권을 쓰고 팔리지 않는다고 푸념한다. 그리고 실망해서 다음 전자책 쓰기를 포기한다.

여러 가지 이유가 있겠지만, 전자책 수익화가 안 되는 이유 중 하나는 전자책만 팔아서 그렇다. 판매하는 상품이 다양하지 않고 상품 판매 '그 이후'에 대한 전략이 없기 때문이다. 전자책 수익화는 그렇게 하는 것이 아니다.

& 전국에서 연락받는 강사가 되는 법

책으로 수익화하기 가장 쉬운 방법 하나를 소개한다. 심지어 책이 팔리지 않아도 돈을 벌 수 있는 방법이다.

먼저 강의하고 싶은 분야를 정한다. 여기서는 그 분야를 '독서'라고 가정하자. 당신은 독서 분야로 많은 사람들 앞에서 강의를 하고 싶다. 그러나 당신을 불러주는 곳이 없다. 당연하다. 아직 당신에 대한 신뢰가 없기 때문이다. 그리고 이제 막 시작했기 때문이다.

일단 독서를 주제로 책을 출간한다. 독서에 대한 자기 경험과 노하우를 한 권의 책으로 묶는다. 기획출판이면 좋고 상황이 여의찮으면 자비출판도 괜찮다.

책이 출간되면 자신의 책 300권 정도를 구매한다. 책의 저자는 정가보다 훨씬 저렴한 가격에 책을 구매할 수 있다. 그리고 구매한 책에 자신의 명함, 강의 제안서를 붙인다. 당연히 독서에 대한 이력을 강조하는 명함, 독서 관련 강의를 제안하는 내용이어야 한다.

이제 그 책을 전국 백화점 및 마트 문화센터 강의 담당자에게 발송한다. 책값과 발송비를 아까워할 필요는 없다. 곧 엄청나게 많은 강의 요청을 받게 될 것이기 때문이다.

문화센터 강연 담당자라면 수많은 제안서를 받을 것이다. 일반적인 강의 제안서들이 버려지는 이유다. 그러나 책과 한 몸이 된 강의 제안서는 쓰레기통이 아닌 책장에 자리를 잡을 확률이 높다.

그리고 책과 함께 발송된 강의 제안서는 받은 이에게 더 설득력 있게 다가갈 것이다. 책이 신뢰를 주기 때문이다. 반대 입장에서 생각해 보자. 알 수 없는 강사에게서 온 강의 제안서 그리고 책의 저자가 책과 함께 보내온 강의 제안서, 당신은 어느 경우에 더 마음이 끌리는가?

세상에는 아직 기회가 많다. 이런 노하우를 얻을 기회가 별로 없고, 노하우를 알더라도 실행에 옮기는 사람은 더 없기 때문이다. 그래서 실질적 경쟁자는 생각보다 적다.

02

일단 책을 쓰긴 했는데

& 제 책이 팔리지 않아요

높은 확률로 당신은 책을 좋아하는 사람일 것이다. 그래서 지금 이 책을 읽고 있으며, 그래서 책을 쓰고 싶을지 모른다. 많은 사람이 책 쓰기를 인생의 버킷리스트로 꼽을 만큼, 책을 쓰는 것은 정말 멋진 일이다.

그런데 혹시 매일 얼마나 많은 책이 신간으로 나오는지 생각해 본 적 있는가?

2022년 신간 도서는 총 61,181종이 출판되었다(대한출판문화협회 납본 기준). 그중 만화를 제외하면 2022년 한 해 동안 55,250종의 신간이 세상에 나왔다. 매일 150종 이상의 책이 출판 시장에 쏟아진 것이다.[6]

---

6. 대한출판문화협회, 2023.4.7. 2022년 출판시장 통계

이쯤 되면 내 책이 세상에 나와도 판매가 될 것인지 걱정이 된다. 맞다. 이게 현실이다. 매일 나오는 신간은 수많은 책과 경쟁해야 한다. 그해에 나오는 신간 외에도 스테디셀러와 경쟁해야 하며, 책 이외의 다양한 콘텐츠와 또 경쟁해야 한다.

한 권의 책이 세상의 빛을 보더라도 초보 저자의 책이 잘 팔리지 않는 것은 어쩌면 당연한 일이다. '나만의 책'을 꿈꾸는 독자들의 희망을 짓밟을 생각은 없다. 다만 이러한 현실을 알았으면 좋겠다. 기대가 크면 실망도 큰 법이니까.

책 쓰기는 로또가 아니다. 책을 써서, 그것도 딱 한 권을 써서 부자가 될 수 있다면 누구나 책을 쓰려고 뛰어들 것이다. 작가가 인기 직업이 될지도 모르겠다.

물론 책을 팔아서 수십억의 인세를 받는 작가들도 있긴 하다. 그러나 극히 드물다. 경제적 자유를 얻을 정도의 인세를 받는 일은 힘들다. 그것만 노리고 책을 쓰면 안 된다. 실망만 얻을 확률이 높다.

& '내 책'을 어떻게 판매할 것인가?

출판의 어려운 현실을 이야기했지만, 그래도 책으로

수익화하는 가장 쉬운 방법은 책 판매분에 대한 인세를 받는 것이다.

그러나 가만히 있는다고 책이 팔리는 일은 없다. 출판사가 내 책을 팔아줄 거라는 생각과 기대는 버리고 신간이 나오면 적극적으로 판매에 뛰어들어야 한다. 그럼 얼마나 적극적으로 내 책을 알리기 위해 노력해야 할까?

신간이 나오면 자신의 정체성을 바꾸어야 한다. 작가에서 강연가가 되었다고 생각하자. 온라인 마케터가 되어 신간의 흔적을 웹상에 끊임없이 남기자.

잘 나가는 저자일수록 책이 나오면 적극적으로 뛰어다닌다. 자신이 할 수 있는 거의 모든 수단과 방법을 동원한다. 책이 나오면 책 판매 정도가 곧 자존심, 더 나아가 생존이라는 생각으로 적극적으로 홍보 및 마케팅 활동에 뛰어들자. 과장이 아니다. 출간이 되고 몇 주 안에 책의 운명은 결정된다.

출판사도 열심히 하는 저자, 더 많이 팔릴 가능성이 있는 책을 밀어준다. 서운함을 느낄 필요 없다. 생각해 보면 아주 당연하다. 잘 팔리면 밀어주고, 그렇지 않으면 그냥 두는 것. 크고 작은 모든 기업이 그렇듯, 출판사는 이윤을 추구한다.

전체의 20%가 성과의 80%를 차지한다는 파레토 법칙을 기억하는가? 출판사 매출의 80%를 차지하는 20%의 책을 쓴 저자가 되어보자. 이를 위해서는 출간 이후가 더 중요하다.

SNS 채널 운영은 필수다. 다양한 채널을 통해 출간한 책을 알리고 온라인 강의를 하는 것도 좋다. 그리고 가능하면 과정을 공유하는 것도 괜찮다. 책을 내고 나서 혼자서 소문을 내기 위해 노력하는 것보다 책이 나오기 이전부터 그 과정을 SNS 상에 있는 많은 사람에게 공유하고, 기대감을 높이는 것이다. SNS 채널과 플랫폼을 통해 팬층을 두껍게 하는 것이 가장 좋긴 하다. 이쯤 되면 출판사에서 역으로 제안을 받을 수도 있다.

보유한 SNS 채널의 규모가 작아도 괜찮다. 없는 것보다는 100명, 100명보다는 1,000명의 팔로워가 있는 편이 낫다. 처음부터 욕심을 내면 안 된다. 모든 인플루언서가 1명의 팔로워부터 시작했다는 사실을 기억하자.

& '나'를 어떻게 판매할 것인가?

지금까지 '내 책'을 판매했다면, 이제 '나'를 판매할 차례이다. 사실 내 책을 파는 일이 곧 나를 파는 일이기는 하다. 그러나 책은 저가의 상품이다. 그래서 얻을 수 있는 수익이 제한적이다. 그래서 책이라는 저가의 상품 이외에도 중가, 고가의 상품을 구성해야 한다. 그런데 사실은 이런 지식상품의 구성은 '미리' 해야 한다.

책을 내고 해도 가능은 하다. 모든 가능성은 언제나 있으니까. 그러나 저가-중가-고가의 상품 구성을 더 미리 해야 전략적인 사업 구조를 짤 수 있다.

그래서 사실은… 나를 판매할 계획을 먼저 세워야 한다. '내 책'을 기획하기에 앞서 '나'를 판매할 계획을 먼저 세워야 한다. 그다음에 책을 팔아야 한다. 무슨 말인지 잘 이해가 되지 않을 수 있다.

약장수가 약을 파는 것은, 그리고 그 이전에 사람들과 공감대를 형성하는 것은 약을 팔기 위함이 아니다. 약 한 병을 팔아서 푼돈을 벌기 위함이 아니다. 그건 아직 사업과 수익화를 모르는 초보 약장수가 하는 일이다.

고수는 약이 아닌 약을 팔 자격을 판매한다. 그리고 더 나아가 그 사업의 시스템을 복사해서 판매한다. 그래서 고수들에게는 반드시 이런 '뒷단'이 있다. 그리고 고객들은 이 뒷단을 알지 못한다.

03

책을 파는 것이
목적이 아니다

바로 앞 고수의 '뒷단' 이야기를 읽고 어떤 생각이나 느낌이 들었는지 궁금하다. 당신이 이런 구조를 처음 알았다면 큰 충격을 받아야 한다. 그게 맞다.

만약 아무런 감정적 동요나 깨달음이 없었다면, 둘 중하나다. 아직 이 구조를 제대로 이해하지 못했거나, 이내용을 이미 알고 활용해서 사업을 하고 있거나. 전자라면 처음부터 다시 이 책을 읽고 모든 것을 자기 것으로 만들어야 한다. 아주 철저하게 읽고 이해하길 바란다. 후자라면 더 이상 이 책을 읽을 필요가 없다.

& 책으로 부를 쌓는 방법

책 인세를 받아서 부자가 될 수 있을까? 아니라고 했었다. 그런 기대는 오히려 당신의 성장과 도전을 방해할 수 있다.

책을 써서 부를 얻는 방법이 있긴 하다. 지금부터 집중해서 보길 바란다. 책을 파는 게 아니라 책으로 사업구조를 짜야 한다! 다시 강조한다. 책을 파는 게 아니라 책으로 사업구조를 짜야 한다!

책은 사실 목적이 아니다. 약장수가 약을 파는 것이 최종 목적이 아닌 것처럼.

책을 쓰지 말라는 것이 아니다. 책을 팔지 말라는 것도 아니다. 책은 비록 저가의 상품이지만 대중의 신뢰를 얻을 수 있는 가장 강력한 수단이다. 이건 변함없는 사실이다. 그럼 책을 쓰고자 하는 당신이 이 사실을 이해하고 지식 사업의 측면으로 활용할 방법은 무엇일까?

책을 고객 유입의 통로로 활용하는 것이다. 책이라는 저가 상품, 책이라는 신뢰를 바탕으로 고객을 유치하는 것이다.

& 책으로 온오프라인 지식 사업을 일군 어느 CEO

책을 고객 유입의 통로로 활용하는 사례에 관해 이야기해 보자. A라는 책을 낸 저자가 있다. 이 책은 아주 잘되진 않았다. 그래도 인터넷 서점을 통해 꾸준히 판매되고 있다.

나는 호기심이 생겨 인터넷 검색창에 도서명 A를 검색해 보았다. 검색 결과 도서 A를 파는 교보문고 링크가 최상단에 노출되었다. 두 번째로 노출된 검색 결과는 도서명 A와 같은 이름의 사이트였다.

우연일까 하는 생각이 들어 해당 링크를 클릭해 사이트로 들어갔다. 그 사이트는 도서 A의 저자가 운영하는 홈페이지였다. 책의 콘셉트(아직 동일한 콘셉트의 책이 거의 없다)와 동일 콘셉트로 사이트가 구성되어 있었다. 그리고 책 이외에 저자가 운영하는 독서 모임, 강의 등에 대한 안내가 있었다. 비교적 낮은 가격의 원데이클래스도 있었고, 높은 가격을 받고 기업 강연을 하기도 했다. 책을 고객 유입의 통로로 활용하라는 말이 이해되는가? 고객은 개인이 될 수도 있고, 단체나 기업이 될 수도 있다.

책 A의 저자가 개인과 기업에 접근한 방식에 대해 생각해 보자. 만약 그가 자신의 과정을 알리는 홍보 전단을 기업에 보내거나 직접 찾아갔다면 어땠을까? 그가 자신의 원데이클래스를 알리는 내용을 인스타그램 광고로 노출했다면 어땠을까? 현재 A의 저자가 하는 방식과 내가 가정한 방식(고객을 찾아가거나 직접 알리기) 중에서 어느 것이 더 효과적일까?

홈페이지에 제 발로 들어온 사람들은 그 세부적인 내용을 더 꼼꼼히 본다. 이미 책을 읽은 사람들이 저자에게 신뢰 또는 팬심을 가져서일 수도 있고, 직접 찾은 정보라는 생각에 더 애정을 가져서 그럴 수도 있다. 사람은 심리적으로 자신이 직접 얻은 것에 더 애착을 갖기 때문이다. 반대로, 광고 표시가 붙은 콘텐츠에 우리는 거부감을 가진다. 내 의지와 상관없이 보여지는 콘텐츠를 억지로 봐야 하기 때문이다.

그리고 더 자세히 들여다보자. 검색을 통해 홈페이지로 유입된 사람들, 그들은 '제 발'로 들어온 것일까? 그들이 의도해서 저자의 홈페이지로 들어간 걸까? 온전히 그들의 자유의지로 거기까지 흘러 들어간 것일까? 저자는 그럼 아무것도 의도하지 않은 것일까? 여기에 대해 당신만의 생각을 정리해 보자.

여기에 더해, 나는 그 홈페이지에 그 저자의 모든 것이 있다고 생각하지 않는다. 아마 그다음 '뒷단'이 있지 않을까? 물론 이건 순전히 내 예상이다. 그리고 내 예상이 맞는다면 그는 지식사업의 고수다.

& 더 적극적인 수익화를 위한 전략

앞서, 더 적극적인 수익화를 위해 '책으로 나를 파는 방법'을 알아야 한다고 밝혔다. 책 판매 및 불러주는 강연만 다니는 것에는 분명한 한계가 있기 때문에 일단 수익화 설계를 먼저 하고, 책을 고객 유입의 통로로 활용하는 것이다.

책을 판매하는 것도 좋다. 하지만 이건 기본이다. 책을 쓰고 홍보 및 마케팅에 뛰어드는 건 저자의 기본이라고 생각한다. 그리고 이 기본을 바탕으로 더 나아가야 한다. 책의 저자에게도 '뒷단'이 있어야 하는 것이다.

책으로 세상에 나를 알리고 그 신뢰를 바탕으로 다음 단계로 나아가자. 더 적극적으로 자신을 판매하자. 돈을 벌고자 한다면, 더 적극적인 수익화를 통해 인생의 바꾸고 싶다면, 그래야 한다. 책도 팔지 않고 나도 팔지 않겠다면 지식사업에 뛰어들 필요가 없다.

그리고 이런 지식사업을 제대로 경영하기 위해서는 책이 있어야 한다. 책은 자신만의 지식 사업을 하려는 사람들의 기본 중의 기본이다.

04

책 쓰기에도
다 계획이 있어야 한다

& 6권의 책을 쓰고 남은 것들

'너는 다 계획이 있구나.'

영화 『기생충』 속 배우 송강호의 대사다. 이 대사는 책으로 수익을 만들고, 지식사업을 위한 구조를 짜는 데에도 적용되는 말이다.

이번 장에서 말하는 계획은 단순히 '책 쓰기 계획'이 아니다. '책으로 돈을 버는 계획'에 대한 이야기다. 책으로 수익을 극대화하고 돈을 벌 수밖에 없는 구조에 대한 이야기다.

모든 사업에는 계획이 있어야 한다. 그리고 지식사업도 엄연히 하나의 사업이다. 지식이라는 무형의 상품을 판다고 가벼운 마음으로 접근하면 안 된다.

책을 기반으로 지식 사업을 할 때는 반드시 수익화 계획이 있어야 한다. 사실은 도서 기획 단계부터 이 계획이 있어야 한다. 그래야 자신에게 맞는 책을 낼 수 있다.

처음부터 사업 계획, 수익화 계획이 있었다면, 나는 6권의 책을 지금처럼 내지 않았을 것이다. 실용서, 에세이, 소설집, 다시 실용서…. 그저 내가 내고 싶은 책을 출판해 왔다. 물론 그 과정에서 많은 것을 배웠다. 과거를 후회하지는 않는다. 그러나 이는 지식 사업적으로는 무계획 출판이었다. 나에게 6권의 책과 이력, 기획과 글쓰기를 두려워하지 않는 능력은 남았지만 돈은 거의 남지 않았다.

& 책을 쓰고 돈을 버는 로드맵

왜 책을 쓰고자 하는가? 여기에 대해 자신에게 진지하게 물어야 한다. 단순히 작가로 불리기를 원하는가? 그럼 나처럼 계획 없이 책을 써도 된다. 그런데 단순히 작가가 되는 것이 아니라 지식사업을 하고자 한다면? 책을 통해 인생을 바꾸고자 하는 거라면? 그렇다면 자기 지식과 경험을 파는 사업가가 되어야 한다.

사람들에게 적은 금액을 받고(또는 무료로) 줄 수 있는 지식과 경험이 무엇인지 적어보자. 없다고 하지 말자. 여러 해를 살아오면서 배우고 익히고 나누고 경험한 것들을 나열해 보자. 자신이 남들보다 조금만 더 잘할 수 있는 것도 좋다. 일단 종이에 나열해 보자. 최대한 많이 써보자.

나열한 내용 중에서 공통되는 주제가 있거나, 진짜 해보고 싶은 분야가 있는가? 그 주제로 한 권의 책을 쓸 수 있겠는가? 일단 하나의 주제가 정해지면 그 주제에 대해 자신이 아는 것을 더 구체적으로 나열해 보자. 그 주제에 대해 8시간 동안 강의를 한다고 생각하고 아주 구체적으로 나열해 보자. 주의할 점은 샛길로 새면 안 된다는 것이다. 한 권의 책에서 두 개의 주제를 이야기하면 안 된다.

그 주제에 대해 지식과 경험이 조금 부족해도 괜찮다. 충분한 자료 조사, 독서, 강연 등의 간접경험을 통해 내용을 보충할 수 있다. 그렇게 조사한 내용에 자신의 생각을 덧붙이면 된다. 나는 이런 식으로 첫 번째 책을 썼다. 유튜버도 아닌데 유튜버에 대한 책을 썼다.

초보자일수록 유리한 부분이 있다. 그것은 지식의 저주에서 자유롭다는 것이다. 지식의 저주란 '무엇을 잘 알게 되었을 때, 이전에 잘 모르던 상태를 짐작하지 못하는 것'을 일컫는 말이다. 정년퇴직을 앞둔 노교수가 대학 새내기의 무지를 이해하지 못하는 것처럼.

만약 당신이 처음 명상에 대한 책을 쓴다면 분명 왕초보를 대상으로 책을 쓰고 지식창업을 할 것이다. 그런데 당신은 지식의 저주에서 자유롭다. 왜냐하면 그 분야를 오래 공부한 전문가가 아니기 때문이다.

하지만 일반 독자나 대중보다는 아는 것이 많다. 왜냐하면 책을 준비하며 관련 자료를 조사하고, 분석하고, 그것을 글로 풀면서 이미 일정 수준에 올라왔기 때문이다. 명상에 대한 책을 써보지 않은 일반 독자 중에서 당신만큼 아는 사람이 있을까? 명상에 대해 알고 싶어 책을 구매하는 독자 중에서 당신만큼 아는 사람이 있을까? 없다. 왜냐하면 이미 당신은 초보가 아니기 때문이다. 책을 쓰며 준전문가 수준에 올라왔기 때문이다.

책이 출간되면 이제 책을 통해 자신을 알리자. 책을 읽고 온오프라인에서 저자를 찾아오는 이들에게 당신의 상품과 서비스를 소개하자. 예를 들어, 명상 강좌를 개설해 혼자서 명상을 실천하지 못하는 독자들에게 도움을 줄 수 있다. 물론 돈을 받고 도움을 준다. 책에서 미처 다루지 못한 내용을 강의, 체험, 코칭 형태로 판매한다. 더 나아가 명상 전문가 과정, 자격 과정을 개설할 수도 있다.

명상을 예시로 한 위의 과정을 정리하면, 주제 탐색, 관련 도서 출간, 관련 강좌 개설, 전문가 과정 개설 정도로 정리할 수 있다. 이러한 전체적인 로드맵을 갖고 책을 써야 한다.

& 책 쓰기 수익화를 위한 로드맵 역설계

독자들은 명상에 대한 도서 구매, 명상 강좌 수강, 명상 전문가 과정 등록의 과정을 통해 당신의 고객이 될 것이다. 다만 사업가는 앞의 과정을 역설계해야 한다.

고객들에게 명상 전문가 과정을 최종적으로 판매하기 위해, 더 가볍게 명상을 체험하고 실천할 수 있는 명상 강좌를 듣게 하고, 그 이전에 명상 책을 통해 온오프라인에서 잠재 고객들을 자연스럽게 유입시키는 식이다. 이렇게 로드맵 역설계가 가능해지려면, 책을 통해 무엇을 알리고 홍보할지가 명확해야 한다. 이렇게 책 쓰기에도 계획이 있어야 한다. 무작정 책을 쓰면 분명히 수익화의 한계에 부딪힌다.

고수는 '뒷단'이 있다는 말, 기억하는가? 뒷단을 마련해 놓고 책을 쓰기 시작하자. 책 그리고 저가, 중가, 고가의 상품을 기획하고 이들을 유기적으로 배치하여 고객이 자연스럽게 찾아오도록 하는 길을 만들자. 이는 뒤에서 자세히 설명할 '가치 사다리'를 어떻게 구성하느냐에 달려있다.

그리고 당연한 이야기지만, 당신을 찾아오는 잠재 고객은 당신의 '계획'을 몰라야 한다. 다 계획이 있어야 하지만 이 계획은 사업가의 머릿속에 있어야 한다.

3장

쓴다면 쓴다

01

당신이 책을 쓰지 못하는
3가지 이유

& 책 쓰기는 자신과 먼일이라 생각해서

책. 쓴다고 생각하면 쓰고, 못 쓴다고 생각하면 못 쓴다. 모든 일이 그러하겠지만 책을 쓰는 일은 더욱 그렇다. 왜냐하면 대부분의 사람은 책을 쓰지 않아도 살아가는 데 지장이 없기 때문이다.

생존에 필수인 행위들이 있다. 아침에 일어나 출근하는 것처럼, 하지 않으면 삶에 부정적인 영향을 미치는 행위들. 우리는 억지로라도 이것들을 해낸다. 힘들어도 그것들을 해낸다. 자기 일이라 생각하고, 하지 않으면 안된다고 생각하기 때문이다.

책 쓰기도 마찬가지다. 올해에는 반드시 책을 쓰겠다고 다짐해 보자. 책 쓰기는 자신의 일이며 힘들어도 해보자고 결심하자. 책 쓰기를 '하지 않아도 되는 일'에서 '해야만 하는 일'로 만들어보자.

우리의 뇌는 생존을 위해 만들어졌다. 생존에 반드시 필요하다고 생각하면 뇌는 그 행위에 집중한다. 책을 쓰는 일과 생존을 연결 짓지 못하기 때문에 책을 못 쓰고 있는 것이다. 반드시 책을 쓰고야 말겠다고 다짐하면 누구나 책을 쓸 수 있다.

실제로 많은 수강생들이 다음과 같은 후기를 남기곤 한다.

'책 쓰기는 저와 상관없는 일이라고 생각했었는데 자신감이 생겼어요. 저도 책을 쓸 수 있을 것 같아요.'

이렇게 생각이 바뀌면 책 쓰기는 더 이상 당신과 '먼 일'이 아니다. 책 쓰기가 스스로 '가까운 일'이라고, 할 수 있다고 생각하자. 여기서부터 모든 기적이 시작된다.

& 자신이 글을 못 쓴다고 생각해서

많은 사람이 '나는 글을 못 써'라고 이야기한다. 그런데 그렇게 이야기하는 이들 대부분이 매일 한 줄도 쓰지 않는 이들이다. 생각해 보면 당연하지 않은가? 매일 아무것도 쓰지 않기에 글쓰기가 어려운 것이다.

매일 피아노 연습을 하지 않으면서 '나는 피아노가 어

려워'라고 말하는 것. 매일 축구 연습을 하지 않으면서 '나는 축구가 늘지 않아'라고 하는 것. 매일 글을 쓰지 않으면서 '나는 글을 못 써'라고 말하는 것. 모두 훈련이 부족하기 때문이다.

책을 쓰고자 결심했다면, 매일 조금씩이라도 글을 써보자. 매일 한 줄 쓰기부터 시작하자. 한 줄이 익숙해지면 몇 문장을 이어서 일기를 써보자. 이게 익숙해지면 한 편의 글을 써보자.

혼자 힘으로 한 편의 글을 쓸 수 있다면 그것으로 충분하다. 미사여구를 넣은 화려한 문장을 쓸 필요도 없다. 자기 생각과 의견을 글을 통해 전달할 수 있으면 책을 쓰기 위한 글쓰기 능력은 갖춰진 것이다. 문장력은 한 권의 책을 쓰는 데 크게 중요하지 않다.

"그래서 몇 부 예상하는데?"

흔히 출판사 대표가 새로운 출판 기획을 가져온 직원에게 이런 질문을 한다고 한다. 새로 기획하는 도서가 얼마나 팔릴 것 같은지 예상 판매량을 묻는 것이다. 이는 해당 도서가 좋은 기획을 가진 도서인지 묻는 것이다. '좋은 문장'이냐고 묻지 않는다. 그건 차후의 문제이다.

1부에서 여러 번 강조했지만, '책 쓰기=독자가 있는 글쓰기=팔리는 상품을 만드는 것=좋은 기획'이라는 것을 잊으면 안 된다. 반대로, 아무리 글이 좋아도(글발이 받쳐주어도) 기획이 별로면 책이 될 수 없다. 팔리지 않기 때문이다. 독자들은 책 속 모든 문장을 꼼꼼하게 읽어보고 책을 구매하지 않는다, 책의 제목, 콘셉트, 목차를 훑어보고 자신에게 필요한 책인지 판단하고 구매한다.

당신이 노벨 문학상을 목표로 글을 쓰는 것이 아니라면 문장력을 신경 쓰지 않아도 좋다. 한 권의 실용서를 쓰는 것이 목적이라면 매일 한 줄 쓰기, 일기 쓰기부터 연습하면 된다. 그리고 한 권을 책을 일단 완성하게 되면, 그다음은 첫 번째 책의 성공 경험과 자신감을 바탕으로 더 쉽게 책을 쓸 수 있다.

& 너무 이것저것 고민해서

자신이 책을 쓸 수 없는 이유를 나열해 보자. 아마 다음과 같은 이유가 나올 것이다.

-배움이 부족해서

-전문지식이 없어서

-책은 대단한 사람들만 쓰는 것 같아서

-내 책에 대해 독자들이 나쁘게 평가할 것 같아서

이런 부정적인 생각들이 책 쓰기를 막는다. 문제는 시작도 하기 전에 이런 고민과 걱정을 한다는 것이다. 그러나 막상 본격적으로 책 쓰기를 시작하면 부족한 배움은 자료 조사로 보충이 되고, 책은 기획과 콘셉트 싸움이라는 것을 알게 되고, 사람들의 평가는 중요하지 않다는 사실을 알게 된다.

너무 이것저것 고민하지 말자. 자신에게 책을 써야 하는 이유와 정당성을 부여하자. 그냥 올해 안으로 책을 쓰겠다고 선포하자.

사실 여기까지 책을 읽고 있다면 당신은 한 권의 책을 쓰기 위한 충분한 집념과 의지가 있는 사람이다. 그거면 됐다. 이 책에서 제시한 대로 매일 조금씩 글을 쓰면서, 다른 책의 목차도 필사하고, 그렇게 나아가면 된다. 그게 시작이다. 그리고 시작이 거의 전부다.

너무 많은 생각이 때로는 시작을 방해한다.

02
책은 누구나
쓸 수 있다

& 한 분야의 최고가 되어야만 책을 쓰는 건 아니다

책은 누구나 쓸 수 있다. 나는 정말 그렇게 믿는다.

만약 각 분야의 최고 전문가들만 책을 쓴다면 그 세상은 어떻게 될까? 한 명의 저자가 한 권의 책을 쓴다. 따라서 한 권의 책은 하나의 시각이다. 한 분야에 대해 한 권의 책만 있다면 독자들은 다양한 시각으로 해당 분야를 바라볼 기회를 잃는다. 우리는 편협한 시각으로 세상을 바라보게 될지도 모른다.

다양한 시각과 의견을 통해 우리는 발전한다. 창의적인 아이디어는 그렇게 나온다. 하나의 책을 쓰는 행위는 우리 사회에 새로운 시각을 제시하고, 나만의 세계관을 많은 사람들에게 선보이는 것이다.

물론 전문가가 책을 쓰기에 유리하긴 하다. 그러나 전

문성이 전부는 아니다. 기획, 콘셉트를 통해 상품성이 있는 책을 만드는 것이 더 중요하다.

70세를 넘긴 나이에 한글을 배워 시집을 출간하신 할머니 한 분이 계신다. 나는 그 시집을 사서 읽어보았다. 순수한 표현 속에, 삶의 연륜이 묻어나는 좋은 시들이 많았다. 그런데 만약 누군가 이 시집을 '그 분야의 최고 전문가가 썼는가' 라는 잣대로 평가한다면? 당연히 좋은 평가를 받을 수 없다. 문학적으로 더 깊은 시를 쓰는 사람이 많기 때문이다.

그러나 독자들은 그런 잣대로 평가하지 않는다. '와! 70대 할머니가 시를 썼다고?' 또는 '할머니 시에서 알 수 없는 깊이가 느껴져'와 같은 감상을 전할 뿐이다. 그 시집은 상품이지 학술 논문이 아니기 때문이다. 새로운 콘텐츠를 찾는 독자들의 욕구와 눈높이를 채워주면 된다.

역설적인 것은, 전문가라서 책을 쓰는 것이 아니지만 일단 책을 쓰면 그 분야의 전문가로 인식이 된다는 것이다. 나 홀로 매일 시를 습작하는 어느 시인 지망생, 그리고 시집을 낸 70대 할머니. 독자들은 누구를 더 전문가로 인지하게 될까?

& 진입장벽이 높기에 더욱 책을 써야 한다

책은 누구나 쓸 수 있다. 하지만 아무나 쓸 수는 없다. 왜냐하면 책을 쓰는 과정이 쉽지만은 않기 때문이다.

블로그는 누구나 언제든 시작할 수 있다. 지금 바로 포털 사이트에 로그인하고 블로그를 개설하고 글을 쓰면 된다. 마음만 먹으면 지금 당장 할 수 있고, 몇 분 만에 가능하다. 진입장벽이 낮기 때문이다.

반면 책은 기획, 집필, 투고, 계약, 출간 등의 과정을 거친다. 아무 때나 할 수 있는 것도 아니고 마음이 맞는 출판사를 만나야 한다. 운이 좋아 당장 계약하더라도 책이 출간되는데 최소 몇 달의 시간이 필요하다. 진입장벽이 꽤 높다.

이렇게 진입장벽이 높기 때문에 더욱 책을 써야 한다. 왜 그럴까? 저자가 되기 위해서는 많은 시간과 노력이 필요하다. 큰 산을 넘어야 한다. 그런데 일단 그 산을 넘으면 반대편에 있는 사람들은 쉽사리 내가 있는 곳으로 오지 못한다. 책 출간이라는 '진입장벽'을 일단 넘으면, 경쟁자들이 넘어오지 못하게 하는 '저지선'이 된다. 책을 쓰지 못한 경쟁자에 비해 당신이 우위를 점할 수 있다.

당신이 이 책을 읽고, 책을 쓰고자 결심하고, 글쓰기와 기획을 연습할 때, 누군가는 책 쓰기는 자신과 먼일이라고 생각하고 그곳에 머무른다. 이러한 생각의 격차는 점점 삶의 큰 차이를 가져온다.

생각부터 바꿔야 한다. 어렵기 때문에 책 쓰기를 포기하는 것이 아니라, 어렵기 때문에 더욱 책을 써야 하는 것이다.

& 책은 작품이 아닌 상품이다

책은 작품이 아니다. 당신이 신춘문예로 문단에 등단하고 문학가로서 활동하려는 것이 아니라면 말이다. 책 쓰기로 돈을 벌고 수익화를 하는 비밀은 책을 당신 사업의 일환으로 활용하는 것이다.

사실 첫 책이 나오면 마음이 짠하다. 내가 내 속으로 낳은 '내 새끼'라는 생각이 들어 마음이 가고 손이 간다. 전자책을 쓰는 일과 다르다. 이 세상에 물성을 지닌 하나의 상품을 출시한다는 것은 그런 일이다. 감히, 개인이 할 수 있는 가장 위대한 일 중 하나라고 말하고 싶다.

그러나 여기에 너무 빠지면 헤어 나오지 못한다. 만약 첫 책이 잘 되면 감사한 일이지만, 그렇지 않다면 마음을 비우고 다음 책을 준비해야 한다. 처음부터 완벽한 책을 낼 수 없다. 처음부터 완벽한 책을 내려고 하면 평생 책을 내지 못할 것이다. 사실 이 세상에 '완벽'이라는 건 없다. 완벽은 개념상으로만 존재하는 건 아닐까?

책은 상품이라는 것을 인지하고, 대중의 니즈에 맞춰 책이라는 상품을 출시하고, 그리고 또 다음 상품을 기획하고 준비하는 일. 나는 이 작업을 반복하고 있다. 그리고 이런 상품을 출시하는 일은 마음만 먹으면 누구나 할 수 있다.

평생 한글을 모르던 70세 할머니도 책을 썼다. 당신이라고 못할 이유는 없다. 그리고 책을 진입장벽이 아닌 저지선으로 활용하는 방법도 일러주었다. 책이라는 상품을 세상에 선보이고, 현명하게 자신을 세상에 알리자.

상상해 보자. 내 이름으로 출간된 책이 눈앞에 있는 상상. 상상은 상상으로 끝나지 않는다. 이제 그 상상을 현실로 만들 차례다.

03
책 쓰기를 위한
3가지 습관

& 나만의 시간과 공간을 확보한다

책을 쓰기 위해서는 절대적인 시간 확보가 필요하다. 글을 쓰고 책을 읽고 기획을 공부하는 데 있어 왕도는 없다. 읽고, 쓰고, 고민하는 과정이 반드시 있어야 한다.

대부분의 사람이 그럴 시간이 없다고 말한다. 출근하기 바쁘고, 퇴근하면 피곤하다는 것이다. 그런데 시간이 남아돌아서 책을 쓰는 사람은 없다. 모두 없는 시간을 쪼개서 책을 쓰는 것이다.

시간이 없어서 책을 쓰지 못한다는 것은 핑계다. 어쩌면 그렇게 말하는 사람은 별로 책을 쓰고 싶지 않은 것인지도 모른다.

나는 먼저, 책을 쓰기 위한 시간을 확보했다. 매일 퇴근후 저녁을 먹고 내 방으로 향했다. 때론 피곤해도, 하기 싫어도 매일 반복했다. 베스트셀러 책의 저자가 되고자하는 목표가 있었기 때문이다.

이 과정이 마냥 즐겁고 행복했던 건 아니다. 고백하자면 정말 포기하고 싶은 순간도 있었다. 그래서 포기했던 날, 포기했던 주도 있었다. 그러나 포기했던 달, 포기했던 해는 없었다. 느리더라도 꾸준히 내가 할 수 있는 것들을 해나갔다.

어쨌든 시간을 확보하자. 안 되는 이유 말고, 되는 이유를 찾자. 저녁 시간을 확보해도 좋고 아침 시간을 확보해도 좋다. 매일 일정 시간을 확보해 쓰고 읽고 고민하자. 필요하다면 글쓰기, 책 쓰기 강좌를 찾아 듣고 적용하자.

자신만의 공간도 확보하면 좋다. 자신의 방도 좋고 카페도 좋고 도서관도 좋다. 어떤 저자는 매일 아침 도서관으로 출근한다. 다른 저자는 매일 직장에서 퇴근하고 카페로 향한다. 공간이 어디인지는 중요하지 않다. 중요한 것은 자신과의 약속을 지키는 것이다.

만약 당신이 더 적극적으로 책을 쓰고자 한다면 집 자체를 '책 쓰는 사람'의 공간으로 최적화시킬 수도 있다. 먼저, 집에 있는 TV를 없앤다. TV가 있던 자리에 책장을 둔다. 언제든 손에 잡힐 수 있게 집 곳곳에 메모지와 책을 둔다. 그리고 자꾸만 만지고 싶은(글을 쓰고 싶은) 나만의 괜찮은 노트북 하나를 장만한다.

나는 지금 이런 집에 살고 있다.

& 다양한 출판 방법을 공부한다

내게 적합한 출판의 방법을 알아야 한다. 기획출판, 자비출판, 독립출판 등의 출판 방법을 상황에 따라 활용할 줄 알아야 한다.

각 출판 방법을 아주 깊이 공부할 필요는 없다. 다만 각각의 장단점 정도는 명확히 알아야 한다. 그래야 필요에 따라 출판 방법을 선택할 수 있다.

개인의 브랜딩 강화가 가장 주된 목적이라면 기획출판으로 접근하는 편이 좋다. 하지만 기획출판 계약에 도저히 자신이 없고 초기 투자가 가능하다면 자비출판으로 해도 된다. 1인 출판사 창업을 경험하며 나만의 출판사를 운영해 보고 싶다면 독립출판을 하면 된다. 아직 여기에 대한 이해가 부족하다면 3장을 천천히 다시 읽어보자.

출판의 방법은 다양해도 본질은 같다. 모든 출판은 결국 책이 팔려야 지속될 수 있다. 책은 상품이고, 상품은 팔려야 의미가 있다. 그리고 판매가 되려면 결국 기획에 집중해야 한다. 좋은 기획이 바탕이 되어야 좋은 상품,

좋은 책을 쓸 수 있다. 기획, 당신이 책을 쓰고자 한다면 이것만큼은 꼭 기억하자.

& 책을 쓸 것이라고 주변에 알린다

'나는 올해 안에 책 한 권 써보려고.'

이렇게 주변에 알리고 다녀라. 당신의 포부와 목표를 주변 사람들이 알게 하라. 이 방법은 생각보다 더 강력한 효과가 있다.

'공언 효과' 또는 '떠벌림 효과'라는 것이 있다. 주변인에게 공개적으로 자신의 목표와 포부를 밝히면 실행력이 높아져서 보다 쉽게 목표를 이루게 되는 현상을 말한다. 인간은 사회적인 동물이다. 따라서 아무리 사소한 약속이라도 공언한 내용을 지키려 노력하게 된다. 일종의 강제성을 부여하는 것이다.

공언은 내적으로는 자기와의 약속이다. 책을 쓸 거라고 스스로 다짐하는 것이다. 그리고 외적으로는 타인과의 약속을 통해 할 수밖에 없는 환경을 만드는 것이다. 그래서 이런 공언을 자주 할수록 더 효과적으로 책을 쓸 수 있다.

만약 당신이 일상에 치여 책 쓰기라는 꿈을 잠시 잊고

있던 날에도 친구가 이렇게 물어볼 수 있다,

"책은 잘 쓰고 있어?"

그럼 정신이 번쩍 들 것이다. '아차! 올해의 목표를 잊고 있었네.' 그날 저녁은 평소와 다른 저녁이 될 것이다. 그렇지 않으면 당신의 공언은 허언이 되고, 당신은 거짓말쟁이가 되기 때문이다. 환경설정과 동기부여가 자연스럽게 된다.

공언하는 것은 온라인상에도 가능하다. 자신의 SNS에 '저 오늘부터 책 쓰기 시작합니다'라고 적어보자. 아마 많은 응원을 받을 것이다. 그 응원이 부담되긴 할 테지만, 그런 부담과 압박이 없으면 인간은 잘 움직이지 않는다.

그렇게 당신이 쓴 책이 한 권, 두 권 늘게 되면 언젠가 이런 질문을 받는 날이 올지도 모른다.

"요즘은 또 무슨 책 써?"

04

책 쓰기로
인생 2막을 준비하라

& 가장 좋은 인생 2막 준비법

'백세 시대'가 되고 노년 이후의 삶을 걱정하는 시대가
되었다. 은퇴 이후의 삶을 그저 누리기만 하기에는 너무
많은 시간이 남는지도 모른다. 남은 삶을 더 생산적으로,
더 의미 있게 보내기 위한 고민이 필요하다.

퇴직하고 그제야 인생 2막을 준비하는 사람들이 많다.
그러나 나는 퇴직하기 전에, 퇴근 후 시간을 활용하여 인
생 2막을 준비하는 것에 대해 말하고 싶다.

인생 2막을 '미리' 준비하기 가장 좋은 방법 중 하나
는 책 쓰기다. 여러 가지 이유가 있는데, 결정적으로 책
을 쓰는 것을 싫어하는 회사가 없다는 것이다. 대부분 직
장에서 겸직, 창업에 대한 규제가 있다. 직장 외부의 일
이 직장 내 업무에 지장을 줄 수 있다는 우려 때문이다.

그러나 책 쓰기를 막는 직장은 없다. 예를 들어 공무원은 퇴근 후 치킨 집 운영을 할 수 없다. 그러나 퇴근 후 책을 쓰는 건 가능하다.

직장에서 월급을 받는 삶과 세상에 나와 혼자만의 힘으로 살아가는 삶은 크게 다르다. 따라서 퇴직 이전에 세상에 직접 부딪혀보는 경험은 중요하다.

사실 직장을 나오면 직장에서 가졌던 직함은 큰 의미가 없다. 세상으로 나오면 아무도 당신을 알지 못한다. 전에 부장이었는지, 임원이었는지, 당신이 이야기하지 않으면 아무도 알지 못한다. 그리고 당신의 입으로 그런 이야기를 해도 크게 달라지는 건 없다.

세상에 내밀 수 있는 명함이 하나 있어야 한다. 그때 내밀 수 있는 가장 좋은 명함이 '책명함'이다. 당신이 직접 쓴 책은 당신을 이렇게 소개할 것이다.

'저는 이런 책을 썼습니다. 저는 이쪽 분야 전문가입니다.'

& 직장을 다니며 책을 써야 하는 이유

나는 책으로 지식 사업하는 방법에 대해 계속 이야기하고 있다. 그래서 당신이 책을 쓰고 지식 창업을 하는 것에 적극 찬성한다.

그러나 큰 꿈에 부풀어 당장 직장에 사표를 내는 일은 없었으면 한다. 당신의 꿈이 헛된 꿈이어서가 아니다. 직장의 장점과 지식 창업의 장점을 모두 활용했으면 하는 바람이 있어서다.

책을 이용한 지식 창업은 무자본으로 가능하다. 그러나 지식 사업도 사업이다. 모든 사업에는 부침이 있고 리스크가 존재한다. 낮에는 직장에서 일을 하고, 저녁에는 책을 쓰며 자신의 가능성을 키우는 것이 안정적으로 지식 창업을 할 수 있는 방법이다. 직장에서 주는 안정적인 급여와 경험은 자산이 된다. 이러한 안정성은 계속 책을 쓰고 도전을 가능케 하기도 한다.

그리고 책만 쓰는 것은 돈이 되지 않는다. 책을 활용해서 적극적으로 강의를 하고 자신을 상품을 팔아야 한다. 그렇지 않고 책만 쓰면 경제적으로 안정적인 생활을 하기 어렵다. 전업 작가가 되지 말라는 소리다.

반면, 직장인에게는 세상에 자신을 내보일 아웃풋 기회가 많지 않다. 직장 내에서 많은 성과를 내는 이들도 있지만 세상 밖은 또 다르다. 그런 면에서 책 쓰기는 직장인이 자신을 세상에 내보이고, 세상에 책이라는 상품을 출시하고, 여러 가지 시도를 해볼 수 있는 좋은 방법이다.

직장에서 얻을 수 있는 안정적 급여를 바탕으로, 자신을 세상에 내놓는 연습을 하자. 많이 실패하고, 많이 시도하자. 그리고 언젠가 직장 외 수입이 당신의 월급을 넘어서는 순간, 그때 사표를 던져도 늦지는 않다.

& 책을 쓴 사람만이 가질 수 있는 것들

누구에게나 부정적인 생각이 올라오고 힘들고 포기하고 싶을 때가 있다. 나도 그럴 때가 있다. 그럴 때마다 나는 이런 생각을 한다.

'나 책 쓴 놈이야! 이것 하나 못 해내겠어?'

책을 쓰고 나서 많은 자신감을 얻었다. 책이 많이 팔려서가 아니다. 책 판매를 떠나서 나를 세상에 알렸고, 직장 밖에서 내가 수익을 얻을 수 있다는 것을 알게 되었다. 그리고 대중 앞에 서서 강연하고, 많은 사람을 만나면서 자신감을 얻었다. 책을 쓰지 않았다면 가질 수 없었을 것들이다. 이 경험은 내 인생의 값진 자산이다.

만약 과거로 돌아가, 처음 책을 쓸지 말지 망설이는 나를 만난다면 이렇게 말해줄 것이다.

'뭘 망설여? 해봐! 그냥 일단 해봐!'

나는 책을 쓴 사람은 무슨 일이든 할 수 있다고 믿는다. 나도 그런 사람이라고 믿는다. 남에게는 인생의 버킷 리스트인 책 쓰기를 나는 벌써 이루었고, 그 고된 과정을 다 경험하고 내 책이라는 '내 새끼'를 세상에 내놓았다.

그 과정에서 기획, 출판, 글쓰기, 카피라이팅, 마케팅 등에 대한 다양한 지식과 경험을 할 수 있었다. 그리고 이 경험을 바탕으로 타인의 책 쓰기를 돕는 일도 하고 있다.

여러 권의 책을 내는 과정에서 자연스레 내 브랜딩을 구축했다. 그렇게 나는 나만의 플랫폼을 구축했고, 이를 바탕으로 많은 일을 있다.

나는 이제 어떤 사람을 만나도 책 쓰기에 대한 내 지식과 경험을 전할 수 있다. 출판 관련 어떠한 일도 해낼 자신이 있다. 나는 이 모든 것들을 책 쓰기를 통해 배웠다.

내가 했다면 당신도 할 수 있다고 믿는다. 나는 특별한 사람이 아니며, 내가 했으면 당신도 할 수 있기 때문이다.

한 권의 책 쓰기 경험을 바탕으로 당신이 무슨 일이든 할 수 있는 사람이 되길 바란다. 그리고 언젠가 '같은 저자'로서 서로의 책을 주고받는 일이 있기를 간절히 바란다.

책 쓰기로 인생 2막을 여는 데 도움이 될 다양한 자료를 모아두었습니다. 자료는 앞으로 계속 업데이트 됩니다.

부록

가치 사다리로
돈 버는 구조 만들기

01

가치 사다리가 없다는 건
돈 벌기 싫다는 것

& 마케팅, 단순 노출이 다가 아니다

통계에 따르면 출간된 도서의 95%는 5천 권도 팔리지 않는다고 한다. 사실 5천 권도 많은 수치다. 처음 책을 찍어내는 것을 '초판'이라고 하는데, 초판이 팔리지 않아 고민하는 출판사가 대부분이다. 최근 출판가의 초판 부수는 1~2천 부 수준이다. 신간 1천 권 팔기도 힘들다는 이야기다.

나 역시 첫 책을 내고 판매라는 큰 벽에 부딪혔다. 책을 쓰는 것보다 책을 판매하는 것이 더 어려웠다. 그래서 여러 가지 시도를 했다. 나름의 마케팅을 시도한 것이다.

'마케팅=노출 광고'라고 생각했던 나는 온갖 노출 광고를 시도했다. 자가용 전면에 책 광고 시트지를 붙였다. 차량의 모든 면에 책 이미지와 문구가 랩핑 되었다. 그 차를 타고 전국을 다녔다. 전국 서점 투어와 강연을 했다. 수십만원을 들여 열차에 영상 송출 광고를 하기도 했다. 돈 없는 작가가 이런 광고까지 하냐며, 열차 광고 담당자는 광고비를 깎아주었다. 온라인 서점 광고도 병행했다. 이건 수십이 아니라 수백만원이 들었다.

이때 많은 돈을 쓰고 깨달았다. 마케팅은 단순 노출이 아니라는 것을. 단순 노출은 더 이상 의미가 없다. 그 어느 때보다 현명한 소비자가 가득한 요즘이다. 따라서 고객에게 단계적으로 접근해야 한다. 한 걸음, 한 걸음씩.

지금 돌아보면, 내가 앞서 했던 일들은 마케팅이 아니었다. 그냥 '노출'이었다. 이 노출은 누군가에게 '공해'였을 것이다.

마케팅은 고객이 오는 길을 설계하는 것이다. 상품의 층위를 단계적으로 설정하고 고객이 자연스럽게 오도록 하는 것이다. 그리고 이를 위해서 반드시 가치 사다리를 설계할 줄 알아야 한다.

나는 미국의 사업가 러셀 브런슨의 책 《마케팅 설계자》에서 가치 사다리라는 개념을 처음 접했다. 이 책에서는 가치 사다리를 아래와 같이 설명한다.

'가치 사다리를 그리면 고객들에게 어떻게 서비스를 제공할 것인지 또 그들을 어디로 데려가고 싶은지 등을 머릿속으로 정확히 하는 데 도움이 된다.'

& 책은 돈이 되기도 하고, 안 되기도 한다

6권의 책을 출간했지만 괜찮은 인세 수입은 없다. 퇴사라는 부푼 꿈을 마음 한편에 지니고 책을 썼지만, 책을 쓰고 '책을 쓴 회사원'이 되었다. 책이 이렇다 할 파이프라인이 되지 못했다. 그 이유는 책을 팔았기 때문이다. 더 정확히 말해 '책만' 팔았기 때문이다.

당신은 책을 쓰고 싶을 것이다. 그렇지 않은가? 그렇지 않으면 이렇게 꼼꼼하게 이 책을 읽고 있을 리 없다. 책 쓰기. 좋다. 그런데 '책 쓰고 싶다'는 막연한 생각 전에 '책으로 어떻게 수익화할 것인가'를 먼저 생각해야 한다. 왜 책을 쓰는가? 책을 쓰고 나서 어떤 미래가 펼쳐지길 바라는가? 책으로 어떻게 돈을 벌 것인가? 나의 모든 코칭은 이 질문에서부터 시작한다.

책을 쓰기 전부터, 책을 활용한 가치 사다리를 설계해야 한다. 가치 사다리는 상품을 단계별로 배치하여 고객이 오는 길을 설계하는 것이다.

만약 당신이 강사 또는 코치, 컨설턴트라면 책을 꼭 써야 한다. 책을 활용한 가치 사다리 설계만 제대로 해도 매출이 달라진다. 지식 사업가들은 일반적으로 아래와 같은 가치 사다리를 구성할 수 있다.

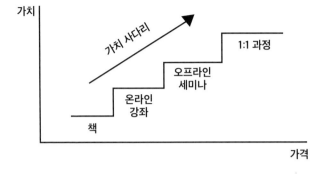

    당신의 **잠재 고객**은 책을 통해 당신을 인지한다. 단순한 인지가 아니라, 해당 분야 '전문가'로 당신을 인지한다. 그리고 책을 구매한다. 책을 구매하지 않아도 큰 상관은 없다. 이미 당신은 저자로서, 전문가로서 고객의 인식에 각인되었기 때문이다. 잠재 고객이 가망 고객이 되는 것이다.

    이제 **가망 고객**은 당신의 책을 읽고 당신의 이름을 검색하거나, 당신의 홈페이지에 방문할 수도 있다. 그리고 온라인 강좌를 수강한다. 신규 고객이 되는 순간이다.

    '이미 책을 사는 순간, 신규 고객이 되는 것이 아닌가?' 이렇게 물을 수도 있겠다. 그러나 나는 책만 구매하는 경우를 신규 고객 유입으로 보지 않는다. 책은 아주 낮은 가격에 살 수 있다. 그리고 불특정 다수를 대상으로 한다. 책은 당신을 알리는 수단이지, 당신의 본격적인 지식 상품이 아니다.

　온라인 강좌를 들은 **신규 고객**은 더 자세한 내용을 알고 싶어 당신의 오프라인 세미나에 참석한다. 더 많은 돈과 시간을 들여 당신을 만난다. 앞선 단계에서 충분한 가치를 얻을 사람만이 다음 가치 사다리로 이동한다. 따라서 책과 온라인 강좌의 질은 높아야 한다.

　오프라인 세미나에 참석한 고객은 **기존 고객**이라 할수 있다. 온라인 강좌를 1회 이상 구매한 경우이기 때문이다. 아직 끝이 아니다. 당신은 오프라인 세미나를 통해고객과 더 많은 관계를 쌓고, 더 큰 신뢰를 줄 수 있다. 당신의 전문성이 폭발하는 순간이다. 1:1 과정을 문의하는고객에게, 당신이 줄 수 있는 가치를 충분히 설명하고,증명함으로써 그를 당신의 **충성 고객**으로 만들 수 있다.

　모든 가망 고객이 충성 고객이 되진 않는다. 가치 사다리 단계가 올라감에 따라 고객이 이탈되는 건 자연스러운 일이다. 좌절할 필요는 없다. 세상에 고객은 많고, 나와 맞는 고객은 반드시 있기 때문이다.

　이와 같은 방식이 '책이 돈이 되는 경우'이다. 반대로,책만 써서 인세만 바라는 방식이 '책이 돈이 안 되는 경우'이다. 책이 돈이 되고 안 되고는 그 책을 쓴 사람이 어떤 전략과 사고를 갖고 행동하는지에 달려있다.

02
더 나은 사업을 위한 가치
사다리 설계

& 약장수의 가치 사다리

또다시 약장수가 등장했다. 약장수는 시장 사람들을 모아 볼거리를 제공하며 자연스레 대화를 한다. 그리고 사람들의 얼굴에 설득이라는 '그린라이트'가 켜지면 약을 판매한다.

약의 효능을 체험하고, 자신도 그 약을 다른 이들에게 소개하고 싶다는 사람이 등장한다. 약장수는 그들을 대상으로 '약을 팔 자격'을 판매할 수 있다. 물론 약보다 훨씬 높은 가격으로 판매한다. 또한 약장수는 자신의 사업 노하우를 다른 약장수에게 알려줄 수 있다. 이건 1:1로 이루어지는 과정이자, 어떻게 돈을 버는지에 대한 실제적인 도움이기에 더 높은 가격을 책정할 수 있다.

약장수의 사례를 보면, '공감대 형성 – 약 판매 – 약 판매 자격을 판매 - 사업 시스템 전수'의 식이다. 이를 가치 사다리로 표현하면 아래와 같다.

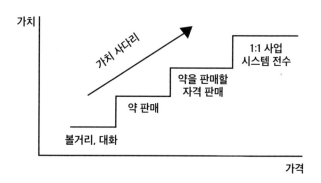

한 발 더 나가보자. 만약 이 약장수가 책을 쓴 약장수라면? 시장에서 볼거리를 제공하는 대신 자신의 책을 무료로 나눠준다면? 더 많은 사람이, 더 호의적인 태도로 약장수에게 다가올 것이다. 산 넘고 물 건너 책을 들고 약장수를 찾아오는 사람도 있을 것이다.

웃음을 주려고 약장수 이야기를 하는 것이 아니다. 내가 비유적으로 표현했지만 마케팅, 수익화, 사업 확장의 핵심이 여기에 모두 녹아있다.

이 이야기의 가치는 아는 사람만 안다. 당신이 그 가치를 아는 사람이었으면 좋겠다.

& 가치 사다리는 사업 계획이다

러셀 브런슨은 '가치 사다리를 마련해 두지 않은 사업가는 사업을 하는 게 아니다'고 이야기한다.[7]

그 정도로 사업을 하는 데 있어 가치 사다리는 중요하다. 어떤 단계를 거쳐 고객들을 유입하고, 각 단계별로 어떤 전략과 대화법을 활용할 것인지 명확해야 한다. 그리고 각 단계별 효율을 체크하고, 효율이 낮은 구간을 확인하여 개선해야 한다. 예를 들어, 아래와 같은 식이다.

* 가치 사다리 첫 단계에서 고객 유입이 거의 없는 경우

→ 어떤 가치를 제공하여 고객 유입률을 높일 것인가?

* 고객 유입은 있지만, 구매 전환이 일어나지 않는 경우

→ 상품 가격이 높지는 않은가? 고객에게 줄 수 있는 추가 혜택이 있는가?

이러한 과정을 통해 전반적인 사업 계획을 점검하고, 단계별 효율을 높여 매출을 증대할 수 있다. 반면 가치 사다리가 없는 경우 어느 단계에서 어떤 문제가 있는지 파악하기가 쉽지 않다.

지금 당장 당신이 하는 일의 가치 사다리를 그릴 수 있는가? 만약 그렇지 못하다면 그저 유형 또는 무형 상품

---

7. 《마케팅 설계자》, 89쪽.

을 판매만 하고 있을 뿐이다. 자기 상품을 '판매'만 사람과 사업 계획에 따라 '사업'을 영위하는 사람의 매출이 같을 수는 없다. 단순 판매인지, 사업인지, 자신의 일을 돌아보라. 그렇게 돈이 벌리지 않는다고 불평하기 전에, 돈을 벌 수밖에 없는 구조를 만들어라.

& 가치 사다리를 설계하는 법

가치 사다리는 판매자에 대한 고객의 거부감을 줄여주고 단계별 구매 유도를 통해 자연스러운 판매가 이뤄지도록 한다. 고객에게 진입장벽이 아주 낮은 상품부터 접근하면 이것이 가능하다. 그리고 고객은 각 단계를 한 칸씩 이동하며 더 높은 가치의 제품을 구매하게 된다.

앞서 소개한 책으로 온오프라인 지식 사업을 일군 CEO를 기억하는가? 이 경우 '책 판매 - 홈페이지 유입 - 저가 강의 - 고가 강의'와 같은 식으로 가치 사다리를 설계한 것이다. 이를 그림으로 표현하면 아래와 같다. 현재 홈페이지상에서는 확인할 수 없지만, 가치 사다리 최상단에 또 다른 상품이 있을 수 있다. 예컨대 '1:1 맞춤형 컨설팅' 같은 관여도가 높은 상품을 생각할 수 있다.

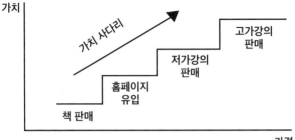

가치 사다리를 설계할 때는 가장 하단에 무료 상품을 두는 것이 좋다. 유료 상품보다 고객들에게 줄 수 있는 가치는 작지만, 무료 상품의 역할은 일종의 미끼로서 고객을 끌어들이는 것이다. 무료 상품을 통해 고객과 관계를 맺은 후 저가 상품을 제안하고, 이를 수락한 고객에게 중가, 고가의 상품을 제안할 수 있다. 무료 상품에 관심 있어 유입된 고객이 결국 돈을 지불하는 구조다. 무료 상품은 블로그와 같은 SNS 콘텐츠 또는 무료 소책자를 이용할 수 있다.

상품은 단계별로 구성해야 한다. 일반적으로 가격에 따라 단계를 구분한다. 그리고 유입된 고객에게 단계적으로 상품을 제안한다.

처음부터 고가의 상품을 제안하는 것은 현명하지 못한 방법이다. 잠재 고객들이 거부감을 가질 수 있기 때문이다. 충분한 시간을 들여 무료 상품, 저가 상품을 통해 관계를 맺으면 이후에 중고가의 상품을 구매할 확률이 높아진다.

　일종의 '사업 계획'이긴 하지만, 단순한 가치 사다리를 그리는 일은 생각보다 간단하다. 지금, 노트를 꺼내 아무것도 없는 사다리를 그려보자. 그리고 자신이 판매하고 있는 상품을 각 단계에 배치해 보자. 사다리가 모두 채워질 때까지 고민해 보자. 이 책에 제시된 사례들을 참고해도 좋다.

　축하한다. 이제부터 당신은 진짜 사업가다.

03
가치 사다리로
돈을 번 사람들

　가치 사다리의 가장 하단에는 보통 무료 상품을 배치한다. 그런데 만약 책을 쓴 경우라면? 가치 사다리 첫 번째 단계에 책을 넣으면 된다.

　책은 무료 상품이 아니다. 그럼에도 가치 사다리 최하단에 책을 배치하는 이유는 책이 잠재 고객들에게 신뢰를 주는 강력한 도구이기 때문이다. 책을 읽는 독자는 물론이고, 책을 읽지 않은 이들도 '책을 썼다는 사실' 그 자체에 큰 호감을 보인다. 책이 잠재 고객의 유입 통로가 되는 것이다.

　여기서는 책을 적극적으로 활용하여 가치 사다리를 설계한 세 가지 사례에 대해 이야기하려 한다.

& 첫 번째 사례: 온라인 강의 판매

많은 사람에게 온라인으로 당신의 마케팅 강의를 팔고 싶다고 가정해 보자. 당신은 이미 홈페이지를 구축했고, 유료 마케팅 과정도 판매하고 있다. 그러나 '제 마케팅 강의 정말 좋아요' 식의 홍보는 매우 서투른 접근이다.

먼저 마케팅에 대한 대중적인 책을 집필한다. 그리고 책의 한쪽 면에 '여기에 대해 더 알고 싶으면 아래에서 무료 강의를 들어보세요' 하면서 당신의 홈페이지로 독자들을 유도한다.

책으로 저자에게 신뢰를 갖게 된 독자들은 그 강의를 들을 확률이 높다. 무료 강의를 마다할 필요도 없다. 그리고 홈페이지에서 무료 강의를 수강하는 독자들은 자연스럽게 유료 강의로 유입된다. 물론 중간에 이탈되는 고객들도 있다. 그러나 괜찮다. 가치 사다리의 윗 단계로 갈수록 상품의 가치와 함께 가격이 올라간다. 따라서 고객 이탈은 자연스러운 것이다.

알고 나면 매우 간단한 구조이다. 그러나 실제로 보면, 가치 사다리 설계를 통해 여러 지식 사업이 이뤄지고 있다. 이 구조가 잘 갖춰지면 책의 판매는 중요하지 않다. 왜냐하면 도서 판매는 주된 수입원이 아니기 때문이다.

책을 통해 고객을 유입시키는 것이 핵심이다.

유심히 살펴보면 이런 구조의 온라인 강의 판매를 많이 확인할 수 있다. 그리고 나라면 가치 사다리 최상단에 '마케팅 1:1 트레이닝 과정'을 넣어둘 것이다.

이 가치 사다리를 도식화하면 아래와 같다.

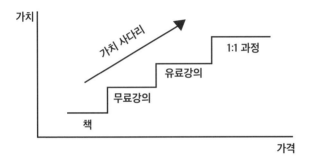

& 두 번째 사례: 오프라인 모객

가치 사다리를 적용한 매출 증대는 오프라인 사업에서도 가능하다. 만약 당신이 부동산 중개소를 운영하며 다수의 전원주택지 매물을 갖고 있다고 해보자. 매물은 많지만 문의 하는 고객이 적은 상황이다. 이 상황을 어떻게 극복하고 고객 문의를 늘릴 수 있을까?

먼저 '사기당하지 않고 전원주택을 짓는 12가지 노하

우'라는 책을 한 권 쓴다. 그리고 이 책에 당신의 명함과 보유하고 있는 매물 리스트를 정리한 투자 제안서를 붙인다. 떨어지지 않게 딱 붙인다.

그리고 도서 증정 이벤트를 개최한다.

'출간 기념 도서 증정 이벤트, 신청하신 분들께 무료로 책을 보내드려요!'

이제 전원주택에 관심 있는 사람들이 이벤트를 신청할 것이다. 이들은 당신의 타깃 고객이다. '사기당하지 않고 전원주택 짓는 노하우'에 관심을 보였으므로 전원주택을 짓고 싶어 하는 사람들이고, 이들은 당신이 보유한 부동산 물건에 관심을 보일 확률이 높다.

유료로 판매되는 책을 무료로 준다는 소식에 많은 사람이 책을 신청할 것이다. 사람들은 무료로 가치 있는 것을 얻을 수 있는 기회이기에 해당 이벤트를 혜택으로 인식한다. 그리고 책을 받아 자연스럽게 투자 제안서를 확인한다.

이벤트에 신청하는 사람들이 늘어날수록, 당신은 자연스레 부동산 물건을 노출하게 된다. 이는 문의 증가 및 물건 중개로 이어진다.

이 가치 사다리를 도식화하면 아래와 같다.

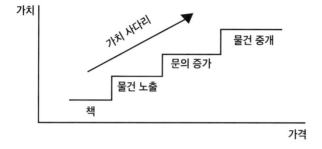

이와 같은 방식은 온오프라인과 상관없이 모든 사업 분야에 적용할 수 있다. 사실 가치 사다리 자체가 하나의 사업 계획이자, 마케팅 계획이다. 이를 기준으로 사업을 설계하고, 실제 적용하고, 부족한 점을 개선해 나가면 자연스럽게 매출이 상승한다.

만약 가치 사다리가 있는데도 불구하고 어려움을 겪는 사업자가 있다면, 둘 중 하나다. 가치 사다리가 치밀하지 못하거나, 가치 사다리의 특정 단계에 취약점이 있거나. 후자의 경우라면 '전환율이 낮은 단계'를 확인해야 한다. 매출이 정체되었을 때는 가치 사다리의 각 단계별 전환율을 확인하고, 전환율이 낮은 단계의 상품과 그 이유를 분석해 전환율을 높이는 작업을 계속하면 된다.

무료로 책을 드립니다
[책 퍼널]

& 그들이 온라인에서 책을 파는 방법

"많은 사람이 내 이름을 알지 못하는 것은, 책이 가져다주는 권위나 신뢰가 나에게는 없었기 때문이다. 그날 밤 집에 돌아와서 나는 이 책을 쓰기로 결심했다."[8]

러셀 브런슨은 위와 같은 결심을 하고 《마케팅 설계자》를 집필하고 출간했다. 1년에 가까운 여정이었고, 그 여정은 끝은 매우 성공적이었다. 그의 책은 전 세계 수십만 부 이상 판매되었다. 그의 책이 성공할 수 있었던 비결 중 하나는 지금부터 설명할 '책 퍼널' 덕분이었다.

퍼널(Funnel)이란 원래 깔때기라는 뜻이다. 마케팅 분야

---

8. 《마케팅 설계자》, 237쪽.

에서 보통 '마케팅 퍼널' 또는 '세일즈 퍼널'이라고 지칭하는데, 고객들이 상품이나 브랜드를 인지하고 구매하기까지의 과정을 설명하는 모형이라고 생각하면 된다. 퍼널의 각 단계를 구분하는 방법은 조금씩 다르지만 일반적으로 아래와 같은 모습이다.

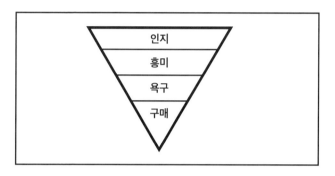

러셀 브런슨은 자신의 책을 출간하고 온라인에서 책을 파는 여러 사례를 탐색했다. 그리고 그들의 세일즈 퍼널에 어떤 공통점이 있다는 것을 파악하고 이를 정리했다. 책을 기본으로 설계한 이 퍼널을 '책 퍼널'이라 부른다.

& 책 퍼널의 5단계 구조

대부분의 책 퍼널이 지닌 공통 구조를 5단계로 제시하면 아래와 같다.

1단계. 무료로 책을 드립니다

책을 무료로 나눠준다는 것은 매력적인 제안이다. 돈 주고 사야 하는 상품을 무료로 준다니 말이다. 게다가 내가 관심 있는 분야의 책을 준다면? 이 제안을 마다할 사람은 없다.

일반적인 책 퍼널은 온라인 랜딩페이지(고객의 특정 행동을 유도하기 위해 만들어진 웹페이지로, 홈페이지와 다르게 화면 구성과 메뉴 구성이 단순함)를 통해 시작된다. 온라인 광고 또는 SNS 노출 등을 통해 사람들은 당신의 랜딩페이지에 도달한다.

책을 무료로 준다는 이야기에 반신반의하며 유입된 사람들은 어떤 책인지, 받을 만한 가치가 있는 책인지, 진짜 무료로 보내주는지 등을 확인한다.

여기서 의심을 품고 들어오는 사람이 많다. 따라서 제공할 책의 가치를 충분히 설명해야 한다. 랜딩페이지 상단에 끌리는 제목과 문구를 배치한다. 이어서 흥미로운 이야기, 좋은 후기 등을 통해 그들을 설득하는 작업이 필요하다.

책의 가치를 충분히 설명하고 고객을 납득시켜야 한다. 유입된 사람들이 그 책을 갖고 싶게 만드는 것이 이 단계의 핵심이다.

2단계. 배송지 정보를 입력해 주세요

책 퍼널의 핵심은 책을 무료로 보내주지만 '배송비'를 고객이 부담하는 것이다. 그래서 배송비 부담에 대한 부분을 미리 사람들에게 인지시켜야 한다. 배송비 부담에 대한 부분을 너무 늦게 확인하면 고객이 이탈할 수 있기 때문이다.

아래와 같은 문구를 랜딩페이지 한쪽에 배치한다.

'무료로 책을 보내드립니다. 단, 배송비만 결제해 주시면 됩니다.'

고객은 책을 무료로 받기 위해 배송지 주소를 남긴다. 그리고 다음 페이지로 넘어간다. 책은 물성을 지녔다. 손에 잡히는 이러한 종이책의 특성 때문에 고객들은 이메일로 전자책을 받는 것보다 더 큰 가치는 느낀다. 이러한 고객들의 기대감은 추후 결제를 유도하는 데 도움을 준다. 전자책 받을 것을 기대하는 사람보다, 종이책을 무료 신청하는 사람이 더 큰 금액을 지불할 확률이 높다.

3단계. 카드 정보를 입력해 주세요

이제 고객들은 배송비 결제를 위해 카드번호를 등록한다. 무료로 책을 받기 때문에 몇 천원 수준의 배송비는 지불할 수 있다고 생각한다. 책값에 비해 배송비는 저렴하기 때문이다. 그리고 책을 받아야 하므로, 방법이 없다. 카드 정보를 입력할 수밖에!

그렇다고 카드 정보를 처음부터 입력하도록 하면 안 된다. 1단계에서 고객들이 책을 갖고 싶게 만들고, 2단계에서 배송지만 입력하도록 한다. 이렇게 한 단계씩 진행해야 한다. 그래야 비로소 카드 정보를 입력받을 수 있다.

책에 대한 높아진 기대감, 그리고 지금까지 들인 시간이 아까워서라도, 고객들은 카드 정보를 입력할 확률이 높아진다. 일종의 매몰비용 효과(투입된 돈, 시간, 노력이 아까워 기존 행동을 지속하려는 경향)라고 볼 수 있다.

4단계. 단돈 2만원에 세미나 초대권을 받으시겠습니까?

이제 배송비를 막 결제하려는 찰나, 다른 상품의 구매를 제안할 수 있다. 책을 관련된 세미나 등을 제안할 수 있을 것이다. 배송비를 결제하는 '관성'을 이용해 다른 상품 구매를 유도하는 것이다.

마트 계산대 바로 앞에 초콜릿을 떠올려보면 이해가 쉽다. 마트에서 계산 순서를 기다리다가 계산대 앞 초콜릿을 집어 든 적 있지 않은가? 그런 식으로 고객이 배송비를 결재하기 직전에 관련 상품을 제시하는 것이다. 구매 제안을 급하게 하면 전환율이 떨어지므로 주의한다.

5단계. 구매해 주셔서 감사합니다

구매 종료를 알리며 책 배송에 대한 정보를 공지한다. 여기서도 새로운 제안을 할 수 있다. 상품이 다양하다면 다른 상품을 제안할 수 있다. 운영 중인 홈페이지나 SNS 링크를 통해 새로운 트래픽을 일으킬 수도 있다.

이것이 러셀 브런슨이 이야기하는 '온라인에서 책을 파는 방법'이다. 책 퍼널은 실제로 많이 활용되는 세일즈 퍼널이므로 유용하게 활용될 수 있다.

05
카카오 오픈채팅방
수익화의 비밀

& 커뮤니티 플랫폼으로서 카카오톡의 도약

최근 카카오톡에 눈에 띄는 변화가 생겼다. 일반 '채팅'과 '오픈채팅'이 분리된 것이다. 오픈채팅방은 특정한 주제로 여러 사람이 모여 정보를 나눌 수 있는 온라인 공간이다. 친목이나 모임 등을 이유로 지인들과 하는 단체 채팅방과 다르게 오픈채팅방은 특정한 주제로 불특정 다수가 모인다. 이 오픈채팅 기능은 수년 전에도 존재했었다. 그러나 일반 채팅과 오픈채팅이 분리된 것은 최근의 일이다.

친구, 가족 등 개인 사이의 연락을 주고받는 용도로 사용되었던 카카오톡이 '커뮤니티 플랫폼'으로서 입지를 다지고 있다. 실제로 네이버 카페 등 온라인 커뮤니티로 몰리던 트래픽 중 일부가 카카오 오픈채팅방으로 넘어왔다. 거의 모든 국민이, 매일 같이 사용하는 만큼, 수백명 이상 사람이 모인 카카오 오픈채팅방의 영향력은 웬만한 규모의 네이버 카페 부럽지 않다.

영향력은 돈이다. 트래픽은 돈이다. 따라서 오픈채팅방에 몰리는 트랙픽을 이용해 돈을 버는 사람들이 등장했다. 아직 여기에 대해 모르는 사람이 많다. 카카오톡으로 돈을 번다? 모르는 사람이 들으면 '그거 사기 아니냐'는 말이 나올지도 모르겠다. 그러나 오픈채팅방 수익화는 사기가 아니다. 그건 '사기'가 아니라 '사업'이다.

오픈채팅방 수익화의 다양한 모델이 있지만, 여기서는 지식사업의 일환으로 운영되는 사례에 집중하려 한다. 단순 '모임'이 아니라 '모객(고객을 모으는 일)'을 위한 목적으로 카카오 오픈채팅방을 활용하는 사례다.

& 그들은 왜 무료로 강의하는 것일까?

정말 다양한 주제의 오픈채팅방이 있다. 모여 있는 사람의 구성도 다양하고, 주제도 다양하다. 한 주제에 대해서도 수많은 오픈채팅방이 있다. 이런 상황이다 보니 비슷한 주제로 운영되는 오픈채팅방은 서로 경쟁하고 있다.

이런 경쟁 속에서도 유난히 사람이 많은 곳이 있다. 그리고 이렇게 사람이 많은 오픈채팅방에는 공통점이 있다. 그건 바로 '유용한 가치와 혜택을 지속적으로 제공'한다는 것이다.

어떤 오픈채팅방에서는 매주 양질의 무료 강의가 진행된다. 이런 정보를 무료로 알려준다고? 운영자는 도대체 뭐를 먹고 살지? 이런 궁금증이 생길 만큼, 내실 있게 운영되는 유용한 오픈채팅방들이 있다는 말이다.

그들은 왜 무료로 강의를 하는 것일까? 그곳 운영자들은 정말 천사일까? 정확한 그들의 속내를 알 수는 없다. 그리고 모든 오픈채팅방 운영자들을 일반화할 수는 없다. 그러나 나는 일본의 경영 컨설턴트 이사하라 아키라의 서적에서 참고할만한 해답을 찾았다.

적극적으로 고객을 모집하려면 먼저 정보를 제공해야 한다. (중략) 이렇게 충분히 정보를 제공해도 더 알고 싶어 하는 사람이 나오기 마련인데, 이들을 모집하는 것이 바로 적극적인 고객 모집이다. 즉, 정보제공이 곧 고객 모집이다.

-《싫은 고객에게는 절대로 팔지 마라》중에서

이사하라 아키라는 고객에게 먼저 정보를 주고, 지속

적으로 정보를 주고, 그들을 고객으로 만들어 육성하라고 한다. 고객을 육성한다는 개념이 익숙지 않을 수 있다. 오픈채팅방 운영자와 참여자의 관계, 상호이익의 관점에서 이 말을 천천히 곱씹어보길 바란다.

& 한국형 가치 사다리, 카카오 오픈채팅방

보통 지식창업을 주제로 운영되는 오픈채팅방은 강의 신청-강의 진행-강의 후기 누적이 반복된다. 이런 선순환 구조 속에서 참여자가 지속적으로 유입되고 고객으로 육성된다.

매주 무료가 진행되다가, 특정 시점에 유료 강의가 진행되기도 한다. 무료 강의를 통해 운영자에게 충분한 가치와 신뢰를 경험한 사람들은 돈을 지불한다. 그리고 운영자에 그에 맞는 서비스를 제공한다. 이것이 오픈채팅방으로 수익화가 이뤄지는 기본적인 구조이다.

이 구조를 가치 사다리로 그리면 아래와 같다.

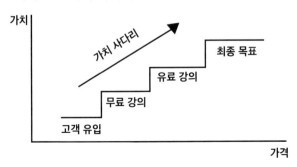

온라인에서 만난 사람에게 돈을 내는 것이 잘 이해되지 않을 수도 있다. 그러나 온라인이 중요한 것이 아니다. 중요한 것은 서로에게 '가치를 줄 수 있느냐'이다. 모든 거래는 상호이익을 바탕으로 한다. 돈의 액수보다 중요한 것은 서로에게 가치를 줄 수 있어야 한다는 것이다.

내가 이렇게 오픈채팅방 수익화에 대한 내용을 공개하는 이유는, 필요한 정보를 분별력 있게 활용할 줄 아는 사용자에게 오픈채팅방은 유용한 정보창고이자 커뮤니티이기 때문이다. 카카오 오픈채팅방에서 정말 많은 것들을 얻어갈 수 있다. 정말 가치 있는 무료 강의도 많다. 무료 강의만 들어도 되고, 필요하면 금액을 지불하고 더 적극적인 혜택과 도움을 받으면 된다.

혹시라도 오픈채팅방에서 무언가를 판매하는 이들에게 불편한 감정을 가질 필요는 없다. 그들은 그저 사업을 하고 있을 뿐이다. 당신은 소비자로서 고객으로서 분별력을 갖고, 유무료 정보를 활용하면 된다.

처음 우리나라에 인터넷 쇼핑이 도입되었을 때, 이를 거부하는 사람들이 있었다. 직접 눈으로 보지 않고 물건을 사는 일, 온라인으로 결제를 하는 일에 거부감을 가졌다. 그러나 이제 온라인 쇼핑은 당연한 일상이 되었다.

카카오 오픈채팅방을 통한 커뮤니티는 앞으로 더 확장될 것이다. 누군가를 이 기회를 발판으로 사업을 키워가고 유명세를 얻을 것이다. 한국형 가치 사다리, 카카오 오픈채팅이 어느 독자의 미래를 바꿔줄 사다리가 될지도 모를 일이다.

에필로그
현재에 머무를 이유

이 책을 쓰는 내내 즐거운 마음이었다. 내가 줄 수 있는 것들이 많아 기뻤다.

이 책은 '책으로 지식사업을 하는 모든 방법'과 함께, '오픈채팅방 수익화'에 대한 내용까지 담은 책이다. 아직 국내에 이런 내용을 모두 다루는 책은 없다.

나는 단순한 작가가 아니다. 앞서 밝힌 바와 같이 책이 팔리지 않았던 경험 때문에 무작정 마케팅에 뛰어들었고, 그 과정에서 오프라인 노출 마케팅의 한계를 절실하게 경험했다. 그 경험을 바탕으로 지금은 온라인 자동화 마케팅 최전선에서 뛰고 있다.

내가 지금 하는 일이 책으로 지식사업을 하고, 오픈채팅방으로 수익화를 하는 일이다. 이 분야에서 다양한 경험과 도전을 지속하고 있는 사람으로서 독자들에게 여러 방면에서 도움을 주고 싶었다. 우리 사회의 변화와 온라인 비즈니스에 대해 알리고 싶었다.

이쯤에서 밝힐 것이 하나 있다. 나는 사업가다. 온라인을 기반으로 내가 가진 지식과 전문성을 판매하는 사업가. 작가는 내 정체성의 일부이다. 글과 책을 쓰는 일은 나에게 아주 당연한 일상이다. 하지만 그게 내 전부는 아니다.

직장인에서 사업가로 나의 정체성은 서서히 바뀌었다. 글과 책이 좋아 시작한 일이었는데, 글과 책으로 수익화하는 방법을 알게 되고, 지식으로 창업하는 법을 익히게 되었다. 나 자신을 사업가라고 규정하자, 더 이상 직장에 머무를 이유가 없었다.

그래서 직장을 그만두었다. 불과 얼마 전의 일이다. 경제적 자유를 이루어서가 아니다. 내가 알지 못하던 세계에서, 내가 알지 못하던 방식으로, 돈을 벌어보기로 결심한 것이다. 앞으로 내가 그려갈 나의 미래가 기대된다. 나는 확신한다, 그리고 알고 있다, 미래의 내가 어떤 모습일지.

이 책으로 자신만의 책을 내고, 자신만의 지식창업을 하는 사람들이 많아졌으면 좋겠다. 미래의 내 옆에는 같은 '작가'이자 '사업가'로서 당신이 있을지도 모르겠다.

그때를 생각하면 우리에게는 현재에 머무를 이유가 없다.

Q&A. 책 쓰기와 글쓰기 가장 많이 하는 질문 24가지

[책 쓰기에 대한 질문 10가지]

Q1. 글을 다 쓰고 투고해야 할까요?

Q2. 적절한 책 분량은 어느 정도인지 궁금합니다.

Q3. 많은 사람이 제 책을 재밌게 읽어줬으면 좋겠습니다. 어떻게 하면 가독성 있는 책을 쓸 수 있는지 궁금합니다.

Q4. 혼자 써야 할까요, 여럿이 함께 써야 할까요?

Q5. 출판계약서를 받았는데, 너무 어려워요. 어느 부분을 중점으로 봐야 하나요?

Q6. 규모가 큰 출판사와 계약하는 게 좋을까요?

Q7. '독립출판'으로 책을 내려고 하는데 편집은 누구에게 맡겨야 할까요?

Q8. 오프라인 책 유통을 잘하는 방법이 궁금합니다.

Q9. 제 전자책이 팔리지 않아요.

Q10. 챗GPT로 에세이 쓰기도 가능할까요?

[글쓰기에 대한 질문 10가지]

Q11. 글을 쓸 시간이 없어요.

Q12. 글을 쓸 때 너무 짧게 적어요. 화려하게 길게 쓰는 방법이 있나요?

Q13. 글의 구성과 맥락을 어떻게 잡아야 할지 모르겠어요.

Q14. 글을 정말 잘 쓰는 사람이 되고 싶어요.

Q15. 글쓰기 슬럼프가 왔어요. 어떻게 극복할 수 있을까요?

Q16. 두 번째 책을 쓰기 위해 고민하고 있는데, 한 꼭지도 써지지 않아요.

Q17. 좋은 글을 쓰고 싶어요①(이런 글은 쓰지 마세요!)

Q18. 좋은 글을 쓰고 싶어요②(먼저 좋은 사람이 되세요!)

Q19. 브런치 작가가 되고 싶어요.(브런치 작가 되는 꿀팁)

Q20. 브런치에서 구독자를 빠르게 늘리는 방법이 있을까요?

[수익화에 대한 질문 4가지]

Q21. 제가 책을 쓸 수 있을까요?

Q22. 5년 내에 책 출판하고 싶어요.

Q23. 책 쓰는 것으로 먹고 살 수 있을지 고민됩니다.

Q24. 나만의 책으로 제2의 수익을 안정적으로 얻을 수 있을까요?

Q1. 글을 다 쓰고 투고해야 할까요?

이 질문은 출판사에 원고를 투고할 때, '완전 원고'를 전달해야 하는지에 대한 질문입니다. 여기에 대한 제 답변은 '완전 원고를 전달하지 않아도 된다'입니다. 그 이유는 다음과 같습니다.

첫째, 출판사와 출판 계약을 하게 되면 그 기획이나 방향성이 달라지는 경우가 있습니다. 그러면 기존 원고를 수정하는 경우가 생깁니다. 여러분이 투고하는 원고가 그대로 책이 되는 것이 아닙니다. 따라서 저는 100% 완성된 원고를 내는 것이 오히려 위험하다고 생각합니다.

둘째, 100% 원고를 쓰다 보면 지칩니다. 원고를 쓰는 과정은 쉽지 않은 여정입니다. 옆에서 이끌어주는 사람이 있지 않은 이상, 원고를 완성하기 쉽지 않습니다. 가능하다면, 일단 출판사와 먼저 계약을 하고 보유한 원고에 대해 출판사의 피드백을 받는 것이 도움이 됩니다.

셋째, 출판 트렌드가 빠르게 변하기 때문입니다. 만약 100% 원고를 출판사에 전달하기 위해 3년간 원고를 썼다고 합시다. 그러면 그 기획은 사실 3년 전 기획이 되는 거죠. 3년 전 이야기를 써줄 출판사는 많지 않습니다.

Q2. 적절한 책 분량은 어느 정도인지 궁금합니다.

출판을 위한 최소 분량을 질문하셨네요.

일반적으로 한글 프로그램 10pt를 기준으로 100장 정도가 되면 책이 됩니다. 그 정도 분량이면 250쪽 정도의 단행본이 나오게 됩니다.

물론 책의 기획이나 방향에 따라 분량은 달라질 수 있습니다.

Q3. 많은 사람이 제 책을 재밌게 읽어줬으면 좋겠습니다. 어떻게 하면 가독성 있는 책을 쓸 수 있는지 궁금합니다.

일단 준비하시는 글과 책의 분야가 궁금합니다. 문학서인가요? 실용서인가요? 분야가 무엇인지에 따라 다르게 접근해야 합니다.

먼저, 문학이라면 가독성 문제는 '문장'과 관련이 깊습니다. 소설을 예로 들면 아무리 스토리가 재밌어도 문장을 읽기 힘들면 독자는 결국 스토리를 따라가기 힘들어합니다. 그래서 문장을 연습해야 합니다. 아름답고 읽기 좋은 문장을 만들기 위해 연습해야 합니다.

좋은 문장을 만들기 위해서는 많이 쓰는 수밖에 없습니다. 그리고 작품 구조의 완성도를 높이기 위해서는 다른 작품을 많이 읽어보고 '합평'을 통해 작품의 객관성을 높이기를 추천드립니다.

다음, 실용서라면 가독성 문제는 '기획'과 관련이 깊습니다. 문장도 문장이지만 독자들이 실용서를 보는 이유는 내용, 노하우를 얻기 위해서입니다. 그래서 참신한 기획을 통해 독자들이 내 책을 보는 이유를 만들어야 합니다.

실용서를 쓰신다면 당장은 문장보다도, 기획에 집중해 보세요. 그리고 문장은 단문으로 쓰세요. 왕초보에게 그것이 가장 좋습니다. 가장 쉽게 쓰이고, 가장 잘 읽히는 문장은 단문입니다. (만연체 같은 것들은 나중에 시도하시길 권합니다.)

Q4. 혼자 써야 할까요, 여럿이 함께 써야 할까요?

가능하다면 단독으로 출판하시길 바랍니다. 그게 더 확실히 브랜딩이 되니까요. 제가 길게 설명하지 않아도 아실 거라 생각합니다. 가능하면, 능력이 된다면, 혼자 쓰세요.

그렇다고 공저가 나쁘냐? 그건 아닙니다.

공저의 장점도 있습니다. 공저를 통해 좋은 사람들을 만날 수 있고, 서로의 장단점을 보완해 좋은 책이 나오기도 합니다. 사람이 여럿이면 마케팅을 할 때도 유리하겠죠? 그리고 공저로 하면 내 원고 분량이 적어 글쓰기가 수월합니다. 그만큼 인세는 줄어들지만요.

그럼 어떻게 공저자가 될 수 있을까요? 글쓰기 모임이나 독서 모임에서 뜻이 잘 맞아 공저 책을 내기도 합니다. 출판 전문가가 일정 금액을 받고 공저자를 모집하기도 하고요. 관심을 갖고 찾아보시면 공저의 기회는 생각보다 쉽게 찾을 수 있습니다.

Q5. 출판계약서를 받았는데, 너무 어려워요. 어느 부분을 중점으로 봐야 하나요?

출판 분야에도 표준계약서가 있습니다. 인터넷에서 어렵지 않게 구할 수 있으니, 일단 그걸 한번 살펴보세요.

많은 내용 중에서 초보 작가가 중점적으로 봐야 할 부분은 '인세' 그리고 '2차적 저작물'에 대한 부분입니다.

저자의 인세는 일반적으로 도서 정가의 8~10% 수준으로 책정됩니다. 10% 보다 높은 인세는 기대하지 마세요. 다만 8% 보다 낮은 인세를 계약 조건에서 제시한다면 자세히 살펴보셔야 합니다. 왜 낮은지, 조정이 가능한지, 확인해 봐야 합니다.(삽화가 많이 들어가면 삽화 작가에게 가는 돈이 있어 인세가 줄기도 합니다.)

아, 공저일 때 인세는 당연히 줄어듭니다. 만약 인세 10% 계약을 했는데 공저 참여 인원이 5명이라면, 공저자 한 명당 책 정가의 2%에 해당하는 인세를 받는 것입니다.

만약 여러분의 원고가 소설, 동화라면 '2차적 저작물'에 대한 부분도 잘 보셔야 합니다. 이건 책이 '영화화' 또는 '드라마화'되었을 때 그 로열티를 어떻게 배분하느냐에 대한 것입니다.

만약 '저자 : 출판사 = 3 : 7' 비율이라면 로열티 100만원 중 30만원은 원작자가, 70만원은 출판사가 가져간다는 것입니다. 이 부분을 미리 체크하지 않으면, 나중에 손해 보는 일이 생길 수도 있습니다.

Q6. 규모가 큰 출판사와 계약하는 게 좋을까요?

출판사의 규모에 따라 장단점이 있습니다.

<큰 출판사>
*장점: 회사가 크면 아무래도 규모가 있기에 마케팅력이 좋다, 그래서 판매량 클 확률도 있다, 알아주는 출판

사에서 책을 내면 퍼스널 브랜딩에도 유리하다

*단점: 대형 출판사는 1년 정도의 출간 일정이 다 정해져 있다, 따라서 지금 계약하더라도 최소 1년 후에 내 책이 나온다, 그 이상의 시간이 걸리는 경우도 있다

<작은 출판사>

*장점: 대형 출판사에 비해 비교적 빨리 책을 낼 수 있다, 상황에 따라 다르지만 2~3달 안에 책이 나오기도 한다, 작가와 출판사의 소통이 빠르다, 출판사도 색깔과 콘셉트가 있는데 나와 맞는 출판사를 찾으면 좋다

*단점: 도서 마케팅, 퍼스널 브랜딩 알리는 데는 부족할 수 있다

큰 회사가 좋다, 작은 회사가 나쁘다, 이런 이야기를 하려는 것이 아닙니다. 요약하면, 제 결론은 다음과 같습니다.

"일반적으로 큰 출판사가 장점이 많고, 브랜딩하기에 좋다.
그러나 나와 맞는 출판사가 있다면
작은 출판사도 나쁘지 않다."

Q7. '독립출판'으로 책을 내려고 하는데 편집은 누구에게 맡겨야 할까요?

두 가지 방법을 알려드리겠습니다.

첫째, 편집은 외주를 줄 수가 있습니다. 크몽, 탈잉 같은 사이트에서 '인디자인', '내지 편집'과 같은 키워드로 검색하면 관련 전문가를 찾을 수 있습니다. 경우마다 다르지만 내지 편집 장당 5,000원의 정도의 작업료가 발생합니다.

둘째, 직접 편집하는 방법이 있습니다. 보통 책디자인을 하는 데 '어도비 인다지인' 같은 프로그램을 많이 사용합니다. 아주 복잡한 책을 만드는 것이 아니면 유튜브에서 '1시간 만에 인디자인 배우기' 같은 영상을 반복해서 시청하시고 만들 수 있습니다. 사실 정보는 넘쳐납니다. 그것을 배우고 실행하는 것은 여러분의 몫입니다.

Q8. 오프라인 책 유통을 잘하는 방법이 궁금합니다.

혹시 '기획출판', '독립출판' 둘 중 어느 출판을 준비하시나요? 그 방향에 따라 제 답변이 다르기 때문입니다.

만약 '기획출판'을 준비 중이라면, 질문 자체가 옳지 못합니다. 오프라인 책 판매와 유통은 출판사에서 신경 쓸 부분입니다. 예비 저자가 원고도 없고, 기획도 없는 상태에서 오프라인 유통을 걱정할 필요는 없습니다.

저와 1:1 코칭을 하는데, 책을 만드는 종이의 재질과 부수에 대해 묻는 분이 계셨습니다. 이는 제작에 대한 부분으로 역시 출판사에서 결정합니다. 물론 계약이 된 후에, 원하는 책의 재질 같은 것을 출판사에 제안할 수 있지만 그건 정말 나중의 이야기입니다.

만약 '독립출판'을 준비 중이라면, 기획-편집-제작-유통까지 혼자서 해야 하니 저런 고민을 할 수 있습니다. 독립출판 유통은 ISBN을 받았다면 인터넷 서점에 입고가 가능하고, 독립서점 유통은 보통 이메일로 입고 문의를 합니다.

일반 서점에 내 독립서점을 깔고 싶다면 가장 쉬운 방법은 '웅진 북센'을 통하는 방법이 있습니다. 단, 출판사 업자가 있어야 합니다.

Q9. 제 전자책이 팔리지 않아요.

전자책을 올렸으나 판매가 되지 않는다고 말씀하시는 분들이 많습니다. 제가 그 전자책을 직접 보고 이야기해야 하겠지만, 일반적으로 다음과 같은 문제를 가졌을 가능성이 큽니다.

첫째, 사람들이 많지 않은 분야여서 그럴 수 있습니다. 사람들의 수요, 니즈가 있는 분야를 발굴해서 거기에 대한 책을 쓰면 좋습니다.

둘째, 카피라이팅이 부족해서 그럴 수도 있습니다. 전자책 제목은 직관적으로, 구체적으로 그리고 사람들이 관심을 갖도록 짓는 것이 좋습니다.

셋째, 고객이 오는 길을 설계하지 않아서 그럴 수 있습니다. 전자책도 하나의 상품입니다. 그래서 고객이 오는 길을 철저하게 설계해야 합니다. 고객이 오는 길을 설계하는 것이 마케팅입니다.

Q10. 챗GPT로 에세이 쓰기도 가능할까요?

분명 챗GPT는 좋은 도구입니다. 활용도가 무궁무진하다고 생각해요. 만약 제가 실용서를 쓴다면 자료를 조사하고, 목차의 개요를 짜는 데 이 도구를 활용할 수도 있을 거 같습니다.(단, 자료에 대한 팩트 체크는 여러분의 몫입니다!)

그런데 에세이는 다릅니다. 에세이는 개인의 경험과 생각이 녹아있는 글입니다. 매우 개인적인 글이고, 그 사람의 캐릭터가 녹아있는 글입니다. 그런데 에세이를 쓰는데 챗GPT가 얼마나 도움이 될지 저는 의문입니다.

챗GPT로 에세이를 써서 여러분의 이름으로 출간했을 때, 여러분은 당당할 수 있을까요? 그리고 만약 책이 유명해지고 나서, 그 에세이가 챗GPT로 쓰여진 것을 알았을 때 독자들의 반응은 어떨까요?

저는 기술에 반대하는 사람이 아닙니다. 좋은 기술을 받아들이고 쓰는 게 전략적이라고 생각해요. 다만 에세이처럼 인간적인 글, 개인적인 글을 쓸 때는 챗GPT 활용이 적절하지 않을 수 있다는 거예요.

챗GPT에게, "여행에 대한 에세이 목차를 OOO자 분량으로 작성해 줘." 또는 "에세이를 잘 쓰는 법을 알려줘." 식으로 기획과 방법론을 물을 수는 있겠죠. 하지만 아래와 같은 질문은 하지 않으시길 바랍니다.

"챗GPT, 사람들이 혹할 만한 에세이 하나 써 줘."

Q11. 글을 쓸 시간이 없어요.

시간이 없어서 글을 쓰지 못하는 분들이 많습니다. 글쓰기를 업으로 하는 사람들도 '글쓰기 시간이 충분하다'고 말하지 않습니다. 이 세상 그 누구도 글쓰기에 충분한 시간을 가진 사람은 없습니다.

시간이 남아돌아서 글을 쓰는 사람은 없습니다. 그러면 우리는 어떻게 해야 할까요?

"어떻게든 글 쓰는 시간을 만들어야 합니다."

저는 무언가를 포기해야 한다고 생각합니다. '시간 관리는 포기의 기술이다'라는 말을 들어보셨나요? 이 말을 들고 저는 제 이마를 '탁' 쳤습니다. 정말 그렇습니다. 무언가를 포기해야 비로소 우리는 시간을 만들 수 있습니다.

그렇다면 우리는 무엇을 포기할 수 있을까요? 친구들을 만나서 술 먹는 시간, 킬링 타임을 위해 드라마를 보는 시간, 이런 시간을 줄이고 모은다면 글쓰기에 충분한 시간이 확보됩니다.

자신의 하루를 돌아보고 일정 시간 이상, 하루 단 30분이라도, 글쓰기에 투자하면 '글 쓸 시간이 없어서 못 쓴다'는 이야기는 하지 않게 될 것입니다.

한번쯤 생각해 보셨으면 좋겠습니다. 정말 글을 쓸 시간이 없는 것인지, 아니면 글쓰기가 여러분 삶의 우선순위에서 밀린 것인지 말입니다.

Q12. 글을 쓸 때 너무 짧게 적어요. 화려하게 길게 쓰는 방법이 있나요?

글을 화려하고 길게 쓰고 싶으시군요. 그 마음 충분히 이해합니다. 그러나 저는, 화려한 글보다 솔직한 글을 추구합니다. 화려한 글이 필요한 상황이나 장면이 있겠지만, 화려한 글이 무조건 좋다고 생각하지는 않기 때문입니다.

가장 좋은 글은 솔직한 글이 아닐까 생각합니다. 우리가 전업 소설가처럼 '문장'으로 승부를 보지 않는 이상은, 솔직하고 담백한 글을 쓰는 것이 이상적이라고 생각합니다.('화려'라고 하는 것이 단어일 수도 있고, 문체일 수도 있고, 글의 구성일 수도 있습니다. 글쓰기를 꾸준히 하시다 보면 원하는 화려한 문장을 구사하실 수도 있습니다. 글쓰기는 훈련의 문제이기 때문입니다.)

그리고 글이 너무 짧은 것은 '사유'의 문제일 수 있습니다. 해당 주제에 대해 깊이 생각하고 고민하는 과정을 통해 글의 분량을 늘릴 수 있습니다. 관련 경험을 떠올릴 수도 있습니다. 그래도 부족하다면 관련 정보를 검색하거나, 관련 도서를 읽으며 보충하는 방법도 있습니다.

Q13. 글의 구성과 맥락을 어떻게 잡아야 할지 모르겠어요.

일단 어떤 글을 쓰고 싶으신지 궁금합니다. 쓰시고자

하는 '글'이 문학적인 글인지, 정보성 글인지에 따라서 구성 방법도 다르기 때문입니다.

다른 글을 많이 읽어보는 것이 중요합니다. 쓰시고자 하는 글과 비슷한 글을 찾아 읽어보는 겁니다. 그 과정에서 어떻게 그런 글을 쓰는지에 대한 감을 잡을 수 있습니다. 필요시, 해당 글을 분석할 수도 있습니다. 글을 펼쳐 놓고 중심 문단이 어디인지 찾아보고, 중심 문장에 밑줄을 쳐 가며 그 구조를 파악하는 것이죠.

맥락에 대한 것은 글의 중심 내용이 무엇이냐에 따라 다를 겁니다. 말 그대로 맥락을 잘 잡기 위해서는 해당 글을 반복적으로 읽어보며 '맥'을 잡아야 합니다. 글의 중심 내용이 잘 드러나는지 생각하며 글을 수정하고 다시 쓰는 작업을 반복해야 합니다.

정리하자면, 많이 읽고 많이 쓰는 과정을 통해 글의 구성과 맥락을 잡는 법을 익히는 것이 좋습니다.

Q14. 글을 정말 잘 쓰는 사람이 되고 싶어요.

글을 잘 쓰는 사람이 되는 거의 유일한 길을 알려드릴게요.

"많이 쓰고, 많이 읽는다."

글은 쓴다는 것, 글쓰기는 훈련의 문제입니다. 쓰면 쓸수록 나아진다는 것입니다. 글쓰기에 왕도는 없다고들 이야기합니다. 이 말은 우리에게 약간의 절망으로 다가올 수도 있습니다. 왜냐면 결국 시간을 들여서 연습하라는 말이니까요. 그런데 반대로, 이 말을 희망이 될 수도 있습니다. 하면 할수록 나아진다는 말! 누구나 글을 잘 쓸 수 있다는 말!

그러니까 글을 잘 쓰는 사람이 되기 위해서는 많이 써야 합니다. 많이 쓰면서 자연스레 글을 잘 쓰는 기술들을 익힐 수 있습니다.

더불어 많이 읽는 것도 필요합니다. 다양한 독서를 통해 글의 구조를 익히게 되고, 좋은 문장에 노출될 수 있습니다. 모두 글쓰기에 긍정적인 영향을 줍니다.

독서가 중요한 이유는 또 있습니다. 아는 것이 많아서 쓸 수 있는 것도 많겠죠? 글 쓸 재료들은 생각, 지식, 경험에서 나오는 경우가 많습니다. 실생활 경험도 중요하지만, 독서를 통해 간접경험의 폭과 깊이를 키우는 것이 좋습니다.

Q15. 글쓰기 슬럼프가 왔어요. 어떻게 극복할 수 있을까요?

글쓰기 슬럼프가 왔다는 건, 그동안 많은 글을 썼다는 것 아닐까요? 잠시 쉬어가도 되지 않을까 생각합니다.

저만의 방법이긴 합니다만, 저는 그럴 때 아예 글을 쓰지 않고, 읽고 싶은 책을 마음 편히 읽기도 합니다. 그렇게 이런저런 책을 읽다 보면 몸과 마음이 회복됩니다. 그리고 책 속에서 발견하는 좋은 문장, 이야기를 통해 '나도 다시 글을 써야지' 같은 생각들을 하게 됩니다.

얼마간 쉬어도 계속 글쓰기가 싫다면? 그래도 슬럼프가 극복되지 않는다면 어찌해야 할까요? 저는 슬럼프를 일종의 '신호'라고 생각합니다. 몸과 마음에서 보내는 신호일 수 있습니다. 그리고 그 신호를 몸과 마음의 신호로 나누어서 생각합니다.

1) 그것이 몸의 신호라면? 그렇다면 저는 일단 잠을 충분히 잡니다. 최근에 수면이 부족하지 않았나 생각하고 충분히 잠을 잡니다. 그리고 식사와 영양에서 부족한 점이 없었나 돌아봅니다. 영양 면에서 부족한 점이 있었다면 기운이 끌어올려 주는 식사를 합니다.

2) 그것이 마음의 신호라면? 이럴 때는 마음의 양식을 채웁니다. 좋은 책을 읽거나 멘토와의 통화를 통해 마음의 힘을 끌어올립니다. 어떤 식으로든 마음을 다잡아야 합니다. 마음이 너무 불안하고 삶이 힘든데 글을 쓴다면, 글에 글쓴이의 마음이 드러나지 않을까요?

우리는 계단식으로 성장합니다. 정비례 그래프가 아니라 계단식 그래프를 떠올려보세요. 당신이 겪고 있는 슬럼프가 다음 계단으로 도약하기 위한 그런 지점일 수도 있습니다.

슬럼프는 어떻게든 극복할 수 있습니다!

Q16. 두 번째 책을 쓰기 위해 고민하고 있는데, 한 꼭지도 써지지 않아요.

첫 번째 책을 이미 쓰셨군요. 그렇다면 기본적인 글쓰기 능력 자체는 있으신 겁니다. 혹시라도, 자신의 글쓰기 능력을 의심하실 필요는 없습니다. 문제는 글쓰기가 아니라 다른 데 있을 수도 있습니다.

저는 책의 기획과 목차를 먼저 작성해 보시라고 조언드리고 싶습니다. 목차는 책의 설계도입니다. 설계도 없이 집을 지을 수 없듯 목차 없이 책을 쓸 수는 없습니다.(쓸 수는 있겠죠. 그러나 각각의 글이 하나의 방향성을 갖지 못할 확률이 높습니다. 당연히 책의 상품성이 떨어지겠죠.)

두 번째 책으로 어떤 책을 쓰고 싶은지? 왜 그 주제를 쓰고 싶은지? 이와 같은 고민을 먼저 하시면 좋겠습니다. 그리고 책의 기획, 목차를 하나씩 잡아가는 것입니다.

무턱대고 글부터 쓰는 건 책 쓰기에서 좋지 않습니다. 당장 기획, 목차를 잡기 어렵다면 '책의 콘셉트'를 고민하시는 것도 좋습니다.

Q17. 좋은 글을 쓰고 싶어요. (이런 글은 쓰지 마세요!)

먼저, 제가 생각하는 '좋지 않은 글의 조건'을 말씀드릴 게요.

1) 솔직하지 못한 글: 솔직하게 글을 써야 합니다. 개인 의 치부를 전부 글에 드러낼 필요는 없지만, 허구를 써서 는 안 됩니다. 소설을 쓰는 것이 아닌 이상, 우리가 쓰는 글은 솔직함을 기본으로 삼아야 합니다.

2) 남을 비방하는 글: 정당한 비판은 할 수 있겠죠. 그 러나 근거 없는, 감정적인 비방글은 쓰지 않는 편이 낫습 니다. 개인에게 표현의 자유는 있지만 공개적으로 남을 모욕하는 글을 저는 좋아하지 않습니다. 글을 쓰려면 비 판과 비방을 구분할 줄 알아야 합니다.

3) 여과 없이 감정을 드러내는 글: 글은 기본적으로 객 관적이어야 합니다. 지나치게 주관적인 감상을 드러낼 때는 조심해야 합니다. 특히, 그 감정과 감상이 부정적인 쪽이라면 더욱 그렇습니다. 그래도 감정을 글에서 표현 하고 싶을 때는 '와 정말, 미치도록 화가 났다' 같은 표현

보다는 당시의 상황을 객관적으로 기술하면서 독자의 공
감을 이끌어내는 편이 낫습니다.

위의 '좋지 않은 글의 조건'을 바탕으로 '좋은 글의 조
건'을 나름대로 정립하셨길 바랍니다.

Q18. 좋은 글을 쓰고 싶어요. (먼저 좋은 사람이 되세요!)

글에는 그 사람의 인품과 생각이 드러나기 마련입니
다. 억지로 자신을 꾸며 글을 쓸 수도 있을 겁니다. 그러
나 그런 글은 오래가지 못합니다. 그리고 언젠가 사실은
드러납니다.

여러 사람이 보는 글은 '공공재'의 성격을 가진다고 생
각합니다. 그래서 개인의 생각과 의견이 글에는 담기지
만, 그리고 표현의 자유는 있지만, 신중하게 접근해야 한
다고 생각합니다.(많은 사람이 보는 콘텐츠라는 생각을 갖고 글을 쓰
면 객관화하기에 좋습니다.)

좋은 글을 쓰기 위해서는 문장 연습과 생각하는 연습
도 중요하지만, 본질적으로 바른 생각을 가진 좋은 사람
이 되어야 한다고 생각합니다. '좋은 사람'이라는 건 남

들의 모든 부탁을 들어주는 '예스맨'을 말하는 것이 아닙니다.

올바른 기준을 갖고 삶을 살아가는 사람
끊임없이 배우며 자신의 배움을 글로 나누는 사람
글로 세상을 조금 더 살기 좋은 곳으로 만들어 주는 사람

제가 여기서 말하는 좋은 사람은 이러한 의미입니다. 여러분도 좋은 사람이 되어서 좋은 글을 많이 써주세요. 그건 여러분 자신을 위한 일이기도 하지만 이 세상을 위한 일이기도 합니다.

Q19. 브런치 작가가 되고 싶어요. (브런치 작가 되는 꿀팁)

'브런치(브런치스토리)'는 다음카카오에서 운영하는 블로그 플랫폼입니다. 일종의 블로그이지만 다른 서비스와 차별점을 지니고 있습니다.

1) 글쓰기 자체에 집중할 수 있는 서비스 레이아웃
2) '글쟁이'들이 모여 있어 글의 품질이 높음
3) 광고성, 홍보성 글이 비교적 적음

그러나 브런치에서 글을 쓰고 공개적으로 발행하기 위해서는 '작가 심사'의 과정을 거쳐야 합니다. 자신의 글과 간단한 기획안을 내면 1주일 정도 심사를 거쳐 합/불 통보가 됩니다. '브런치 고시'라고 불리기도 하는데, 그 방법을 알면 크게 힘들지 않습니다.

첫째, 먼저 기획이 중요합니다. 앞으로 자신이 쓰고자 하는 글의 일관된 방향성을 '작가 지원서'에 어필합니다. 큰 주제 하나와 소주제 5개 정도면 좋을 거 같습니다. 예를 들어, '영어'를 주제로 브런치를 운영한다면 아래와 같은 기획을 제시할 수 있습니다.

저는 앞으로 <직장인 영어 잘하는 법>에 대한 글을 쓰려고 합니다.
 1. 대한민국에서 영어를 한다는 것
 2. 유학 생활을 하며 느낀 7가지 깨달음
 3. 영어, 발음이 중요할까? 표현이 중요할까?
 4. 내가 외국계 기업을 다니며 가장 많이 받는 질문
 5. 영어를 공부하기 vs. 영어로 살아가기

둘째, 브런치를 지원하며 타 플랫폼이나 SNS 운영 경력을 어필해도 좋습니다. 예를 들어 5년간 운영한 네이버 블로그 링크를 첨부한다면 작가 신청이 수월할 겁니다.

Q20. 브런치에서 구독자를 빠르게 늘리는 방법이 있을까요?

소셜 미디어는 기본적으로 품앗이 문화가 있습니다. 그래서 다른 브런치를 찾아서 읽고 댓글을 달고, 선구독을 하는 방식으로 빠르게 구독자를 늘릴 수 있습니다.

물론 글을 잘 쓰는 것은 중요합니다. 그러나 소셜 미디어를 육성할 때 전략적으로 접근하는 것도 좋다고 저는 생각합니다. 양질을 글을 발행하면서 다른 브런치 작가들과 소통하는 노력을 통해 더 쉽고 빠르게 채널을 키울 수 있다는 이야기입니다.

사실, 시간을 들이는 만큼 브런치 채널은 성장하게 되어있습니다. 여러분들이 들이는 시간과 노력만큼 브런치 채널은 성장할 것입니다.

Q21. 제가 책을 쓸 수 있을까요?

쓸 수 있습니다. 누구나 책을 쓸 수 있습니다.

제가 강의를 하고 코칭을 할 때 기본전제가 있는데요. 그건 바로 '책은 누구나 쓸 수 있다'입니다. 저는 정말 그렇게 생각합니다. 시간이 걸릴 순 있지만 누구나 가능한 것이 책 쓰기입니다.

이러한 생각을 가지고 실천하는 것이 중요합니다. 모든 일이 그렇겠지만, 실천이 중요합니다. 무언가를 실천하지 않고, 행동하지 않으면 아무 일도 일어나지 않으니까요.

책을 쓰기 위해 다음과 같은 것들을 실천하면 좋습니다.

첫째, 매일 조금씩 글을 씁니다. 책 쓰기에 결국 글쓰기가 포함될 수밖에 없습니다. 그런데 글쓰기는 훈련과 연습의 문제입니다. 그리고 글쓰기 훈련 중 가장 좋은 방법은 '매일 쓰기'입니다. 일기라도 좋으니, 메모나 단상이라도 좋으니, 매일 무언가를 조금씩 써 보세요.

둘째, 책 쓰기와 출판에 꾸준히 관심을 둡니다. 출판의 방법에도 정말로 여러 가지가 있습니다. 기획출판, 독립출판, 자비출판, POD를 통한 낱권 판매 등…. 다양한 출판 방법을 알고 있으면 나에게 맞는 출판의 형태를 결정하기 좋습니다.

셋째, 주변에 '나 책쓰고 싶어'라고 말하고 다니세요. 그러면 관련 기회들이 옵니다. 책 쓰기 관련 책이 보이고, 강의가 보이고, 사람이 옵니다. 그렇게 말하고 다니면 주변 사람들이 글과 책에 대한 기회를 물어다 주기도 하고 여러분 스스로 그런 것을 발견하기도 합니다. 정말입니다. 진짜 한번 용기를 내서 말해보세요. '나 책쓰고 싶어'라고요!

Q22. 5년 내 책 출판하고 싶어요.

저는 이런 사고 자체를 반대합니다.

지금과 5년 후는 완전히 다른 세상입니다. 지금 갖고 있는 기획을 5년 후에 쓴다? 사장될 가능성이 높습니다.

책을 쓰시려면 당장 시작해야 한다고 생각합니다. 빨리 배우고 빨리 성과를 내야 삶이 변화합니다. 5년 동안 천천히 쓴 책은 그 흐름도 일관되지 않고 트렌드에 맞추기도 힘듭니다.

'5년 내'가 아니라 '올해 안'에 쓴다고 마음을 먹고 적극적으로 관련 정보를 찾고 부족하더라도 한 글자라도 적어보세요.

제 경험에서 말씀을 드리는 겁니다. 정말 책을 쓰고 싶다면 '올해 안'이라는 목표를 세우고 행동하세요.

Q23. 책 쓰는 것으로 먹고 살 수 있을지 고민됩니다.

일반적으로 책 써서 받는 '인세 수입'만으로 생활하기는 쉽지 않습니다. 우리가 공중파나 방송에서 보는 작가들만 봐도 그렇죠. 그들은 왜 글을 쓰지 않고 방송에 나오는 것일까요? 인세 수입만으로 생활이 충분하다면 그들이 방송에 나올까요? 한 번쯤 생각해 볼 문제입니다.

인세만으로 생활이 어렵습니다. 국내에 전업 작가가 많지 않은 이유입니다. 책을 쓴 작가들은 그래서 적극적으로 강의를 나갑니다. 제 경험을 돌아보면, 인세로 버는 수익보다 강의로 버는 수익이 큽니다.

물론 예외도 있습니다. 오로지 글과 책으로 승부하는 작가들도 있습니다. 그러나 매우 소수의 사람이고, 평범한 사람들이 그런 것을 기대하는 것-그러니까 책 한 권 대박으로 수억씩 벌어들이는 것-은 로또에 맞기를 기다리는 것과 다르지 않다고 생각합니다.

하나 팁을 드리자면, 책을 이용해 사업구조를 짜면 좋습니다. 이 책의 후반부에 다룬 가치 사다리, 책 퍼널 부분을 다시 확인해 보세요.

Q24. 나만의 책으로 제2의 수익을 안정적으로 얻을 수 있을까요?

매주 '책 쓰기 무료 특강'을 통해 사람들을 만나고 있습니다. 온라인 Zoom을 통해 만나는 무료 특강이지만, 참여하시는 분들의 열정은 어느 작가, 어느 강의 못지않습니다.

강의에서 이런 질문을 받은 적이 있습니다.

"직장을 다니면서도 돈을 모으기는커녕
마이너스가 안 되면 다행이라고 여기고 있습니다.
차근차근 책을 써 가면서 제2의 수익을 안정적으로 얻
을 수 있을까요?"

여기에 대한 제 답변은 '그렇다'입니다. 책 쓰기는 가장
확실한 브랜딩 도구입니다. 가장 확실한 나의 명함입니다.

책을 쓰면 제2의 수익을 갖게 됩니다. 물론 그 인세가
크지 않을 순 있지만, 정기적으로 인세가 들어옵니다. 그
리고 책을 통해 강의 의뢰가 들어옵니다. 인세라는 자동
수익, 그리고 책을 통한 강의 기회까지 얻을 수 있는 것
이죠.

잘 팔리는 책쓰기

초판 1쇄 발행 2024년 3월 28일

지은이   서민재
편 집   권희중
디자인   당아

발행처   리미트리스
이메일   syc1025@naver.com

정가   18,800

ISBN   979-11-984096-1-4 13370